국가직무능력표준 기반
훈련기준 활용 훈련과정 편성 매뉴얼

고용노동부, 한국산업인력공단

Jinhan M&B

일러두기

■ 목 적
  ○ 국민행복시대를 기조로 하는 박근혜 정부 국정과제 75번 **"능력중심 사회를 위한 여건 조성"**의 핵심 사업으로 NCS의 개발·보급을 추진함에 있어
    - 직업능력개발훈련에서는 NCS 기반 훈련과정에 대해서 '15년까지 우대 적용하고, '16년 이후부터는 전면 활용을 목표로 추진
  ○ 이 매뉴얼에서는 직업능력개발훈련에서 NCS를 활용하여 훈련과정을 편성하는데 필요한 "NCS기반 훈련기준"[국가직무능력표준 홈페이지 (ncs.go.kr) 자료실-훈련기준]에 따라,
    - 이를 활용한 훈련과정 편성방법을 제시하고자 함

■ 매뉴얼 구성
  ○ NCS기반 훈련과정 편성에 대한 훈련관계자의 이해를 돕기 위해
    - Ⅰ장에서는 "국가직무능력표준(NCS)"에 대한 개념과 정책방향
    - Ⅱ장에서는 "NCS기반 훈련기준"에 대한 이해
    - Ⅲ장에서는 "NCS기반 훈련기준"을 활용한 훈련과정편성 방법
    - Ⅳ장에서는 직업능력개발 NCS 훈련과정 신청 방법을 제시함
    - 아울러, 별첨자료로 1. 훈련과정 편성 양식 및 예시, 2. 훈련과정 편성 Q&A, 3. NCS기반 훈련기준 개발현황을 제시하였음

■ 훈련과정 편성에 대한 문의
  ○ 훈련과정 편성에 관한 사항은 한국산업인력공단 직무능력표준원에 문의

▌주요변경사항 ▌

내역	개정 전	개정 후	비고
양성(구직자)훈련 목표수준의 상위 수준 능력단위 활용	과정/과목(능력단위) 수준을 1~4수준으로 제한	과정/과목(능력단위) 수준을 1~4수준으로 권장 ※ 단, 기업체의 요구, 인력양성 목표, 훈련대상자에 선수능력 등을 제시한 경우 목표수준의 상위 수준 능력단위를 활용하여 훈련과정 편성 가능	페이지 35,49
향상(재직자)훈련 목표 수준의 상하위 수준 능력단위 활용	재직자 향상과정은 4수준 이상으로 편성	재직자 향상과정은 4수준 이상으로 편성 ※ 단, 전직 등 기업의 수요에 따라 필요한 경우 4수준 이하의 훈련과정 편성 및 목표 수준의 상·하위수준 능력단위를 활용하여 훈련과정 편성 가능	페이지 35,49
타직종의 능력단위 활용	유사직종의 능력단위 활용으로 제한	필요한 경우 타직종의 능력단위 활용 가능	페이지 22
통합심사(훈련사업 통합에 따른 내용 변경)	Ⅳ. 훈련사업별 NCS 활용 방안 1. 국가기간전략산업직종훈련 2. 내일배움카드제훈련 3. 핵심직무능력향상훈련 4. 직업능력개발컨소시엄훈련 5. 취업사관학교	Ⅳ. 직업능력개발훈련과정 신청 서식 1. 직업능력개발훈련과정 신청서	페이지 71

※ 본 개정판에서는 상기 주요변경사항 외에도 "서식 및 예시변경, 문구 수정" 등 많은 부분이 변경되었음을 참고하시기 바랍니다

목 차

Ⅰ. 국가직무능력표준(NCS) 개요 ·· 1
　1. NCS의 개요 ·· 3
　2. NCS 관련 정책방향 ·· 10

Ⅱ. NCS기반 훈련기준 ·· 13
　1. 직업능력개발훈련과 훈련기준 ······································ 15
　2. NCS기반 훈련기준 항목별 이해 ·································· 21

Ⅲ. 훈련과정 편성 ·· 31
　1. 훈련과정 편성 개요 ·· 33
　2. 훈련과정 요구분석 ·· 37
　3. 훈련과정 설계 ·· 40
　4. 훈련과정 개발 ·· 52

Ⅳ. 직업능력개발 NCS 훈련과정 신청 ···································· 67
　1. 통합심사 NCS 훈련과정 신청방법 ······························ 69
　2. NCS 훈련과정 심사·신청서 작성방법 ························ 71

<별첨 1> 훈련과정 편성 양식 및 예시 ·································· 79
<별첨 2> 훈련과정 편성 Q&A ·· 106
<별첨 3> NCS기반 훈련기준 개발 현황 ································ 113

PART

국가직무능력표준 (NCS) 개요

1. NCS 개요
2. NCS 관련 정책방향

1. 국가직무능력표준(NCS)의 개요

1.1 NCS의 개념 및 도입배경

○ **(개념)** 국가직무능력표준(NCS, *National Competency Standards*)은 산업현장에서 직무를 수행하기 위해 요구되는 지식·기술·소양 등의 내용을 국가가 산업부문별·수준별로 체계화한 것으로,
  - 산업현장의 직무를 성공적으로 수행하기 위해 필요한 능력(지식, 기술, 태도)을 국가적 차원에서 표준화한 것을 의미

○ **(도입배경)** 그간 직업교육·훈련-자격이 연계되지 않은 상태로 산업현장에서 요구하는 직무수행능력과 괴리되어 실시됨에 따라 인적자원개발이 비효율적이라는 비판[1]을 해소하기 위해 NCS를 도입하게 되었음

【 국가직무능력표준 개념도 】

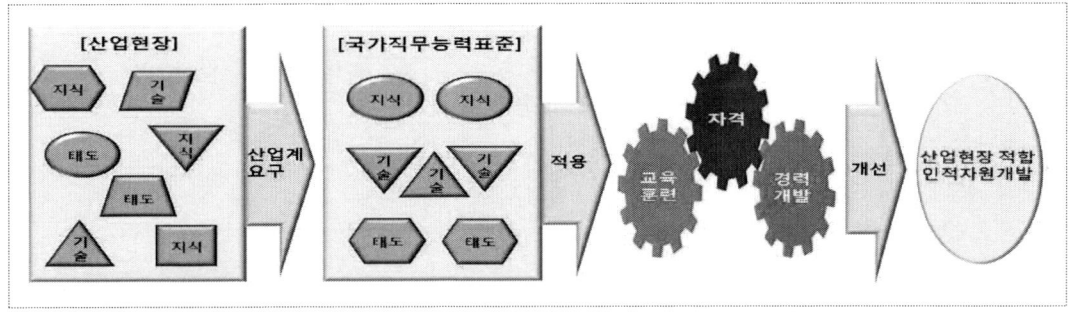

---

[1] 인적자원개발의 비효율 문제제기 사례
  a. 기업이 원하는 교육훈련이 아닌 공급자 위주의 교육훈련으로 인한 높은 재교육비용 부담
   * 대졸 신입사원 재교육기간 및 1인당 재교육비용(경총) : 19.5개월('07년 기준), 6,088만원('08년 기준)
   * 청년층의 첫 일자리 전공불일치 비율(한국노동연구원) : 4년제 대학 80.7%, 전문대 78.1%, 전문계고 68.1%
  b. 취업에 대한 불안감을 스펙으로 보충하려는 심리로 스펙취득비용 급증(휴학 일반화 등), 최초 취업시기 지연
   * 대졸청년 휴학경험(통계청) : ('10년) 39.7%, ('11년) 43.0%, ('12년) 42.7%
   * 과잉학력으로 인한 기회비용(SERI, '12) 대졸자 120백만원, 전문대졸 53백만원

1.2 NCS의 체계

◇ NCS의 체계적인 개발과 활용을 위해 산업현장 직무를 유형별로 분류하고, 수준을 설정
  → NCS에 기반한 훈련과정 개발시 훈련직종(세분류)과 대상자(수준) 선정의 기초 정보로 활용

1.2.1. 분류체계

○ 일터 중심의 체계적인 NCS개발을 위해 산업 현장 전문가의 직종구조 분석 결과를 반영하기 위하여 산업현장 직무를 한국고용직업분류(KECO)에 부합하게 분류한 것
  - 분류체계 : 대분류(24개) - 중분류(77개) - 소분류(227개) - 세분류(857개)
    ※ 상기 분류체계는 '14.2.17 기준으로 산업현장 직무 변화에 따라 변경 가능
  - 훈련과정에서의 직종은 NCS 분류체계상 원칙적으로 세분류를 의미함
  ☞ 「NCS 분류체계」는 산업계 및 관계부처 협의를 통해 확정

【 NCS 분류 체계도(예시) 】

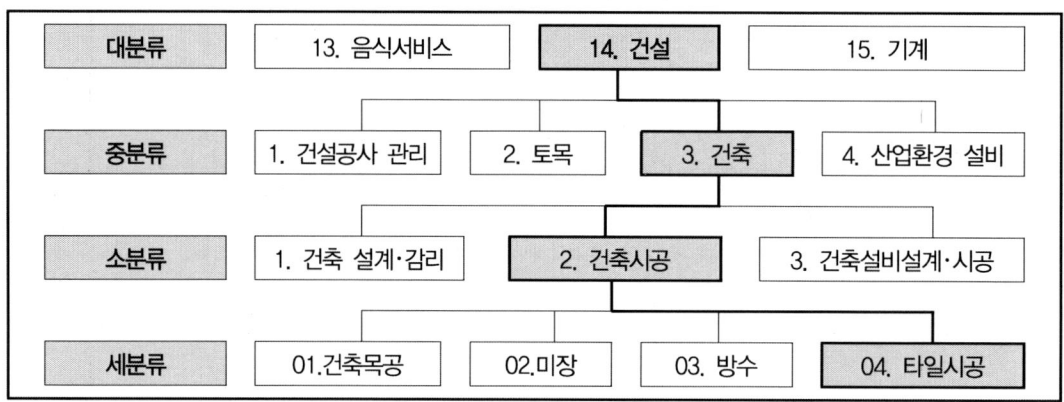

1.2.2. NCS 수준체계

○ 산업현장 직무의 수준을 체계화한 것으로,
  - '산업현장 - 교육·훈련 - 자격' 연계, 평생학습능력 성취 단계 및 자격의 등급체계 구성에서 활용
  - NCS 개발 시 능력단위별 직무수준을 8단계로 구분하여 제시

【 NCS 직무수준별 개념 】

수준	개 념
8수준	- 해당분야에 대한 최고도의 이론 및 지식을 활용하여 새로운 이론을 창조할 수 있고, 최고도의 숙련으로 광범위한 기술적 작업을 수행할 수 있으며 조직 및 업무 전반에 대한 권한과 책임이 부여된 수준
	- (지식기술)해당분야에 대한 최고도의 이론 및 지식을 활용하여 새로운 이론을 창조할 수 있는 수준, 최고도의 숙련으로 광범위한 기술적 작업을 수행할 수 있는 수준
	- (역량)조직 및 업무 전반에 대한 권한과 책임이 부여된 수준
	- (경력)수준7에서 2-4년 정도의 계속 업무 후 도달 가능한 수준
7수준	- 해당분야의 전문화된 이론 및 지식을 활용하여, 고도의 숙련으로 광범위한 작업을 수행할 수 있으며 타인의 결과에 대하여 의무와 책임이 필요한 수준
	- (지식기술)해당분야의 전문화된 이론 및 지식을 활용할 수 있으며, 근접분야의 이론 및 지식을 사용할 수 있는 수준, 고도의 숙련으로 광범위한 작업을 수행하는 수준
	- (역량)타인의 결과에 대하여 의무와 책임이 필요한 수준
	- (경력)수준6에서 2-4년 정도의 계속 업무 후 도달 가능한 수준
6수준	- 독립적인 권한 내에서 해당분야의 이론 및 지식을 자유롭게 활용하고, 일반적인 숙련으로 다양한 과업을 수행하고, 타인에게 해당분야의 지식 및 노하우를 전달할 수 있는 수준
	- (지식기술)해당분야의 이론 및 지식을 자유롭게 활용할 수 있는 수준, 일반적인 숙련으로 다양한 과업을 수행할 수 있는 수준
	- (역량)타인에게 해당분야의 지식 및 노하우를 전달할 수 있는 수준, 독립적인 권한 내에서 과업을 수행할 수 있는 수준
	- (경력)수준5에서 1-3년 정도의 계속 업무 후 도달 가능한 수준
5수준	- 포괄적인 권한 내에서 해당분야의 이론 및 지식을 사용하여 매우 복잡하고 비일상적인 과업을 수행하고, 타인에게 해당분야의 지식을 전달할 수 있는 수준
	- (지식기술)해당분야의 이론 및 지식을 사용할 수 있는 수준, 매우 복잡하고 비일상적인 과업을 수행할 수 있는 수준
	- (역량) 타인에게 해당분야의 지식을 전달할 수 있는 수준, 포괄적인 권한 내에서 과업을 수행할 수 있는 수준
	- (경력) 수준4에서 1-3년 정도의 계속 업무 후 도달 가능한 수준

수준	개 념
4수준	- 일반적인 권한 내에서 해당분야의 이론 및 지식을 제한적으로 사용하여 복잡하고 다양한 과업을 수행하는 수준 - (지식기술) 해당분야의 이론 및 지식을 제한적으로 사용할 수 있는 수준, 복잡하고 다양한 과업을 수행할 수 있는 수준 - (역량) 일반적인 권한 내에서 과업을 수행할 수 있는 수준 - (경력) 수준3에서 1-4년 정도의 계속 업무 후 도달 가능한 수준
3수준	- 제한된 권한 내에서 해당분야의 기초이론 및 일반지식을 사용하여 다소 복잡한 과업을 수행하는 수준 - (지식기술) 해당분야의 기초이론 및 일반지식을 사용할 수 있는 수준, 다소 복잡한 과업을 수행하는 수준 - (역량) 제한된 권한 내에서 과업을 수행하는 수준 - (경력) 수준2에서 1-3년 정도의 계속 업무 후 도달 가능한 수준
2수준	- 일반적인 지시 및 감독 하에 해당분야의 일반 지식을 사용하여 절차화되고 일상적인 과업을 수행하는 수준 - (지식기술) 해당분야의 일반 지식을 사용할 수 있는 수준, 절차화되고 일상적인 과업을 수행하는 수준 - (역량) 일반적인 지시 및 감독 하에 과업을 수행하는 수준 - (경력) 수준1에서 6-12개월 정도의 계속 업무 후 도달 가능한 수준
1수준	- 구체적인 지시 및 철저한 감독 하에 문자이해, 계산능력 등 기초적인 일반지식을 사용하여 단순하고 반복적인 과업을 수행하는 수준 - (지식기술) 문자이해, 계산능력 등 기초적인 일반 지식을 사용할 수 있는 수준, 단순하고 반복적인 과업을 수행하는 수준 - (역량) 구체적인 지시 및 철저한 감독 하에 과업을 수행하는 수준

1.3 NCS의 기본 구성(능력단위)

○ '능력단위'는 NCS의 세분류를 구성하는 기본단위

【 NCS 능력단위 구성 】

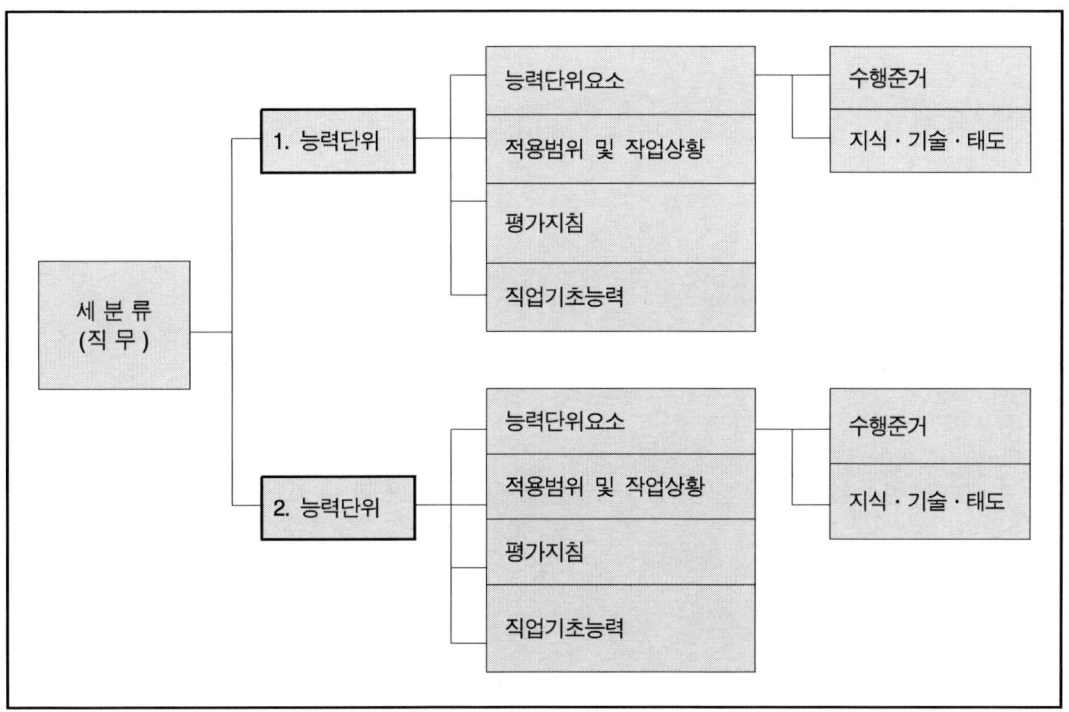

○ 능력단위는 능력단위분류번호, 능력단위정의, 능력단위요소(수행준거, 지식·기술·태도), 적용범위 및 작업상황, 평가지침, 직업기초능력으로 구성

【 NCS 능력단위 설명 】

구 성 항 목	내 용
능력단위분류번호 (competency unit code)	· 능력단위를 구분하기 위하여 부여되는 일련번호로서 12자리로 표현
능력단위정의 (competency unit description)	· 능력단위의 목적, 업무수행 및 활용범위를 개략적으로 기술
능력단위요소 (competency unit element)	· 능력단위를 구성하는 중요한 핵심 하위능력을 기술
- 수행준거 (performance criteria)	· 능력단위요소별로 성취여부를 판단하기 위하여 개인이 도달해야 하는 수행의 기준을 제시
- 지식·기술·태도 (knowledge·skill·attitude)	· 능력단위요소를 수행하는 데 필요한 지식·기술·태도
적용범위 및 작업상황 (range of variable)	· 능력단위를 수행하는데 있어 관련되는 범위와 물리적 혹은 환경적 조건 · 능력단위를 수행하는 데 있어 관련되는 자료, 서류, 장비, 도구, 재료
평가지침 (guide of assessment)	· 능력단위의 성취여부를 평가하는 방법과 평가시 고려되어야 할 사항
직업기초능력 (key competency)	· 능력단위별로 업무 수행을 위해 기본적으로 갖추어야 할 직업능력

1.4 능력단위 분류번호 체계

○ NCS의 능력단위에 대한 식별번호로 대분류, 중분류, 소분류, 세분류, 능력단위 및 개발연도로 구성

- 대 분 류 : 대분류 체계의 2자리 숫자(2 digits)
- 중 분 류 : 해당 대분류 내 중분류 체계의 2자리 숫자(2 digits)
- 소 분 류 : 해당 중분류 내 소분류 체계의 2자리 숫자(2 digits)
- 세 분 류 : 해당 소분류 내 세분류 체계의 2자리 숫자(2 digits)
- 능력단위 : 해당 세분류 내 능력단위 연번으로 2자리 숫자(2 digits)
- 개발연도 : 능력단위 개발·보완 연도 2자리 숫자(2014년 → 14)로 작성하되, 앞의 분류와 구분하기 위하여 " _ " 이후에 연도 기입
- 버   전 : 표준 개발 순서 2자리(첫번째 → V, 두 번째 → 숫자)/(2 digits)

【 NCS 능력단위 분류번호(코드) 체계 】

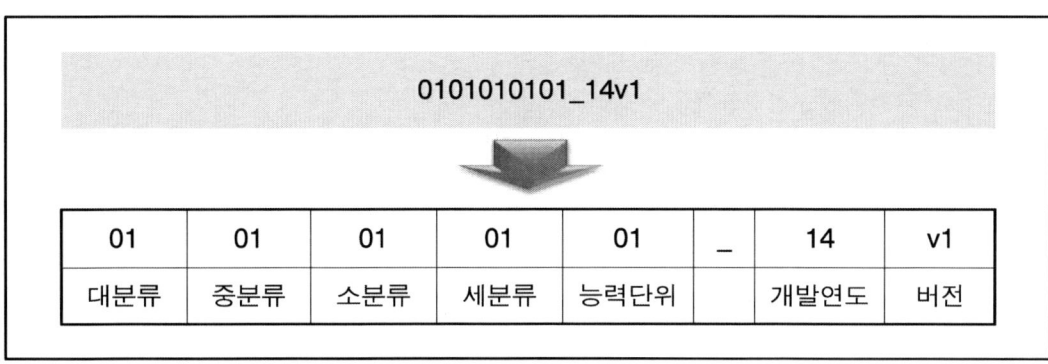

○ NCS를 활용하여 교육·훈련과정을 편성하는 경우 능력단위명과 함께 능력단위 분류번호를 반드시 제시
 - 훈련과정 편성상 능력단위 적정 반영 여부를 확인하는 기초정보로 활용

2. NCS 관련 정책방향

2.1 국정과제

○ 국민행복시대를 기조로 하는 정부 국정과제 75번 **"능력중심 사회를 위한 여건 조성"**의 핵심 사업으로 NCS의 개발·보급을 추진

> **국정과제 75. 「능력중심 사회를 위한 여건 조성」**
>
> ◇ (과제개요) 스펙초월 채용시스템 정착 및 국가직무능력표준 개발·보급 등 스펙보다 실력과 능력이 존중받는 사회구현
> - 국가직무능력표준 구축
>   - '14년까지 국가직무능력표준 개발 완료
>   - 국가직무능력표준 개발과 연계된 학습모듈 개발
>   - 교육-훈련과정 및 자격시험 출제기준 개편
>   - 「일 - 교육·훈련 - 자격」이 연계된 「과정평가형 자격제도」 도입
>   ※ 장기적으로 자격과 학위, 교육·훈련, 직무경력을 체계적으로 연계하는 **국가역량체계(NQF: National Qualification Framework)**를 구축

2.2 NCS의 개발

○ 현장의 직무수요를 정확히 반영한 NCS가 되도록 체계적 개발 시스템 마련
  - **(개발주체)** 산업별 단체가 개발하고, 한국산업인력공단이 제반사항 지원

- **(개발전문가 구성)** 관계부처 추천을 받아 부문별로 표준 개발을 담당할 현장·교육훈련·자격 전문가 Pool 구축(세분류별 11명 내외, 전체 10,000여명)
- 개발과정에서 NCS의 현장 적합성을 검증하는 심의위원회 구성 운영

○ 국가직무능력표준의 조기 개발 및 활용 촉진을 위한 관련 부처·기관간 협업 시스템 구축
  - **(NCS 운영위원회)** 정부부처·노사단체·학계 등의 참여하에 추진상황 점검 및 주체별 협업방안 협의
  - **(유관기관 협의회)** NCS 개발(한국산업인력공단) 및 직업교육과정 개편(한국직업능력개발원)이 체계적으로 연계되도록 매월 정례적 업무 협의

2.3 NCS 활용 확산

☐ 직업능력개발훈련에서의 활용

○ **(훈련기준)** '14년까지 NCS 개발·보완과 연계하여 전체 직종을 "**NCS 기반 훈련기준**"으로 개발 완료
  - 훈련기준 구조를 모듈형으로 개편하여 훈련과정 개발 시 활용도 제고
  - 훈련기준은 NCS를 개발하는 산업단체가 개발
○ 근로자직업능력개발법에 의한 직업능력개발훈련에 활용추진
  - '15년까지 NCS기반 훈련기준을 활용한 훈련과정에 대해 과정심사시 가점 및 훈련비를 우대 지원하고, '16년부터 NCS 활용 가능한 직종(과정)에 대하여 NCS를 적용토록 추진할 계획

☐ 국가기술자격에서의 활용

○ **(출제기준)** NCS 개발과 연계하여 능력단위별 모듈형 출제기준 개발
  ※ '15년까지 모든 국가기술자격 출제기준을 국가직무능력표준에 맞도록 전면 정비

○ (자격 재설계) NCS를 토대로 국가기술자격 종목 단계적 재설계

  ※ 대분류별 '직종구조도'를 작성하고, 직종구조도를 바탕으로 NCS와 국가기술자격을 비교·분석, 자격종목 신설·폐지·통합·세분화하여 자격의 효용성 제고

○ (검정방식) 산업현장의 일을 중심으로 직업교육·훈련과 자격이 유기적으로 연계될 수 있도록 "과정평가형 자격제도" 도입추진

☐ 기업 및 근로자의 활용

○ (중소기업) 중소기업에 대하여 RC(지역인적자원개발협의체)를 통한 개별기업 수요조사를 실시하고, 수요 기업에 대하여 국가직무능력기반의 직무분석 등 기업에서 활용할 수 있도록 컨설팅 지원

  ※ WG, 산업현장 교수단 등을 활용하여 개별기업에 맞게 NCS를 적용한 인사·경력 관리 시스템 개편 지원

○ (근로자) 평생경력개발경로, 자가진단 도구 등을 개발·보급하여 현장 근무자가 재직 중 능력개발을 통해 기업의 핵심인재로 성장토록 지원

○ (일·학습병행제) 일터에서 학습을 통해 자격을 부여하는 "일·학습 병행제" 도입시 활용 지원

  ※ 일과 병행한 학습을 통해 현장에서 요구하는 직무능력을 함양하고, 교육·훈련에 소요되는 시간적·재정적 비용 경감을 통해 인적자원개발의 효율성 극대화

PART

NCS기반 훈련기준

1. 직업능력개발훈련과 훈련기준
2. NCS기반 훈련기준 항목별 이해

1. 직업능력개발훈련과 훈련기준

1.1 NCS기반 훈련기준의 개념

◇ **(훈련기준)** 직업능력개발훈련을 위하여 훈련의 대상이 되는 직종별로 훈련의 목표, 교과 내용 및 시설·장비와 교사 등에 관한 기준을 제시한 것
  * 근거규정 : 근로자직업능력개발법 제38조(훈련기준)
  ** 1967년 근로자직업능력개발법(직업훈련촉진법) 제정 이후, 1969년 훈련기준을 제정하여 근로자직업능력개발훈련의 품질관리를 위한 기준으로 현재까지 운영
  *** 현장수요에 부합한 훈련기준 개발을 위해 훈련대상 직종별로 직무분석을 실시하여 훈련기준을 개발하였으나, '13년도부터 일-직업교육훈련-자격을 상호 연계하는 **NCS**를 활용하여 보다 체계적으로 현장수요에 부합하게 개발

○ "**기존의 훈련기준과 차이점**"은 기존 입직자 수준에 국한하여 350시간 이상 지정된 훈련과정을 반드시 훈련해야 하는 형태에서 → 재직자를 포함한 근로자 경력개발단계별 훈련이 가능하게 20시간 내외의 모듈식 과정/과목으로 제시하여 훈련기관에서 수요에 부합하게 선택하여 다양한 훈련과정을 편성할 수 있도록 제시

【 기존 훈련기준과 NCS기반 훈련기준의 비교 】

구분	기존 훈련기준	NCS 기반 훈련기준
교과내용	입직자 수준의 훈련기준만 제시됨	능력단위별로 **1~8수준**으로 설계되어 근로자 수준에 따라 필요한 교육훈련 실시
	3월 350시간 이상의 장기과정에 대한 훈련기준만 제시됨	훈련과정이 **20시간** 내외의 **모듈**로 구성 ⇒ 필요한 능력단위를 선택하여 다양한 훈련과정 편성 가능

구분	기존 훈련기준	NCS 기반 훈련기준
훈련 교과목	훈련교과목별 훈련목표 및 세부훈련 내용 미제시 - **훈련단위명** 만 제시	능력단위별 훈련목표 및 능력단위요소별로 **수행준거**(~산정할 수 있다)를 통해 훈련할 내용을 구체적으로 제시
	훈련직종에 필요한 교과내용만 명시	훈련이수체계도를 통해 연관직종 교과 내용(능력단위)을 함께 제시 → 근로자 능력개발 경로 설정 가능
훈련기준 제시직종	국가기간전략산업직종의 수요가 있는 직종에 한하여 개발 ※ '12년까지 208개 개발	NCS분류체계에 맞춰 개발 ※ '15년까지 828개 개발
훈련방법	미제시	집체 · 원격 · 현장실습 · 현장견학 등으로 구체적 제시
효 과	현장-교육 · 훈련-자격 연계 미비	NCS기반으로 현장-교육 · 훈련-자격의 체계적 연계 가능

○ "**NCS기반 훈련기준**" 개발현황 및 계획

구 분	훈련기준 개발현황	비 고
2013년	경영기획 등 315 직종 ※ 61개 직종은 2014년도 보완개발	'15년 고시(예정)
2014년	기계설계 등 557 직종 ※ '13년 개발된 61개 직종 포함	
2015년 이후	방송콘텐츠 기획 등 31 직종	

※ 개발된 NCS기반 훈련기준은 국가직무능력표준(www.ncs.go.kr) 사이트 자료실 (훈련기준)에서 확인 가능

1.2 NCS기반 훈련기준 구성

○ NCS의 구성항목은 훈련기준의 구성항목과 상호연계 가능

NCS	훈련기준
• 직무(세분류) 　해당 직무의 능력단위 집합 - 직종 및 기능(function)의 구분 단위	• 직종명 - NCS의 직무
• 직무정의 - NCS 직무(세분류)에 대한 정의	• 직종정의 - 훈련기준 직종에 대한 정의
• 능력단위 - 직무수행 시 요구되는 능력들의 단위 - 능력단위요소의 집합	• 과정 / 과목명 - NCS의 능력단위 - 학습내용의 조합
• 능력단위요소 - 능력단위를 구성하는 단위 - 능력단위를 세분화하여 작성	• 단원명 - 세부 학습내용의 집합 - NCS의 능력단위요소별로 단원명 제시
• 수행준거 - 능력단위요소를 수행하기 위해 요구되는 수행수준	• 학습내용 - NCS의 수행준거를 제시
• 평가지침 - 해당 능력단위를 평가할 때 고려할 사항, 기타 능력 등을 기술	• 훈련평가 - NCS의 평가지침을 제시
• 직업기초능력 - 능력단위별 해당 직업기초능력의 중요도를 평가	• 직업기초능력 - NCS의 직업기초능력을 하나의 과정/과목명으로 제시

【 NCS를 활용한 훈련기준(예시) 】

NCS	훈련기준
객실관리 직무 ■ 객실관리① 직무의 정의 ②고객의 편안하고 안락한 투숙을 위해, 예약접수, 체크인/아웃 업무, 객실과 공용지역 정비 및 호텔세탁물 관리 등을 통해 최상의 객실상품을 창출하는 업무에 종사하는 일이다. 1. 객실 예약접수 ① 능력단위 기술서 분류번호 : 1203020201_13v1③ 능력단위명칭 : 객실 예약접수④ 능력단위 정의⑤ : 객실 및 부대시설 이용정보 파악, 예약현황 및 고객이력 확인, 예약관련 자료작성 및 변경을 처리하는 능력이다. {표: 능력단위요소 / 수행준거} ⑥ 1203020201_13v1 객실 및 부대시설 이용정보 파악하기 1.1 호텔의 객실 유형(위치, 평수, 객실 타입 등)에 따라 객실 및 부대시설 정보를 구분하여 파악할 수 있다.⑦ 【지식】⑧ ○ 객실 상품 지식 ○ ~ ~ 【기술】 ○ 컴퓨터 단말기 조작 기술(PMS & CRS) ○ 정보 검색 기술 ~ ~ 【태도】 ○ 고객에 대한 적극적인 서비스 제공 의지 ○ 고객에게 친절하고 상냥한 태도~ ~ ② 적용범위 및 작업상황 ~ ~ **장비 및 도구⑨** • 컴퓨터 & PMS 시스템(데모버전)	**Ⅰ. 개 요** 1. 직종명 객실관리① 2. 직종 정의 : ② 고객의 편안하고 안락한 투숙을 위해, 예약접수, 체크 인/아웃 업무, 객실과 공용지역 정비 및 호텔세탁물 관리 등을 통해 최상의 객실상품을 창출하는 업무에 종사 ○ 과정/과목명 : 직업기초능력⑪ - 훈련개요 | 훈련목표 | 직업인으로서 갖추어야할 기본적인 소양을 함양 | | 수 준 | - | | 훈련시간 | 훈련과정 편성시 전체훈련시간의 10%이내에서 자율편성 | | 훈련시설 | 강의실, 컴퓨터실 | | 훈련방법 | 집체 또는 원격훈련 | - 훈련내용 | 단원명 | 학습내용 | | 기술능력 | 기술이해능력, 기술선택능력, 기술적용능력 | | 수리능력 | 기초연산 능력, 기초통계 능력, 도표분석 능력, 도표작성 능력 | | ~ ~ | ~ ~ | ○ 과정/과목명: ③1203020201_13v1 ④객실 예약접수 - 훈련개요 | 훈련목표 | ⑤ 객실 및 부대시설 이용정보 파악, 예약현황 및 고객이력 확인, 예약관련 자료작성 및 변경을 처리하는 능력을 함양 | | 수 준 | 3수준 | | 훈련시간 | 20시간 | | 훈련시설 | 강의실, 컴퓨터실, 객실실습실 | | 훈련방법 | 집체훈련 |

NCS	훈련기준
• 전화기 • ~ ~ ③ 평가지침 **평가시 고려사항⑩** • 평가자는 다음사항을 평가해야 한다. 　- 호텔상품, 종류 및 요금제도에 대한 지식 　- 호텔시스템(Fidelio, Opera 등)에 대한 지식 　- 적정요금(BAR)에 대한 지식 ~ ~ ④ 직업기초능력⑪	- 훈련내용

- 훈련내용

단원명⑥ (능력단위 요소명)	훈련내용⑦ (수행준거)	평가시 고려사항⑩
⑥1203020 201_V1.1	1.1 호텔의 객실 유형(위치, 평수, 객실 타입 등)에 따라 객실 및 부대시설 정보를 구분하여 파악할 수 있다. 1.2 ~ 적용할 수 있다.⑦	•평가자는 다음의 사항을 평가해야 한다. - 호텔상품, 종류 및 요금제도에 관한 지식 - 적정요금(BAR)에 대한 지식 - 부대시설 관련 정보
~ ~	~ ~	~ ~

직업기초능력

순번	주요영역	하위영역
1	기술능력	기술이해능력, 기술선택능력, 기술적용능력
2	수리능력	기초연산 능력, 기초통계 능력, 도표분석 능력, 도표작성 능력
3	~ ~	~ ~

- 지식·기술·태도⑧

구 분	주요내용
지식	○ 객실 요금제도 ○ 부대시설 관련정보 ○ 호텔 전산시스템의 예약절차 ~ ~
기술	○ 컴퓨터 단말기 조작 기술(PMS & CRS) ○ 고객과의 의사소통 능력~ ~
태도	○ 정보이해에 대한 노력 ○ 고객요청에 대한~ ~

- 장비 ⑨

장 비 명	단위	활용구분 (공용/전용)	1대당 활용인원
• 컴퓨터 & PMS 시스템(데모버전)	대	-	1
• 전화기	대	공용	-
• ~ ~	대	공용	-

※ 장비는 주장비만 제시한 것으로 그 외의 장비와 공구는 별도로 확보

1.3 NCS기반 훈련기준 개발

○ NCS를 활용하여 훈련기준(안)을 작성·검토하고, 이해 관계자를 대상으로 의견 수렴한 후 고용노동부장관이 고시·보급
 - 훈련기준 시안 개발은 NCS 개발을 담당하는 산업단체에서 일괄 개발

【 훈련기준 개발 절차 】

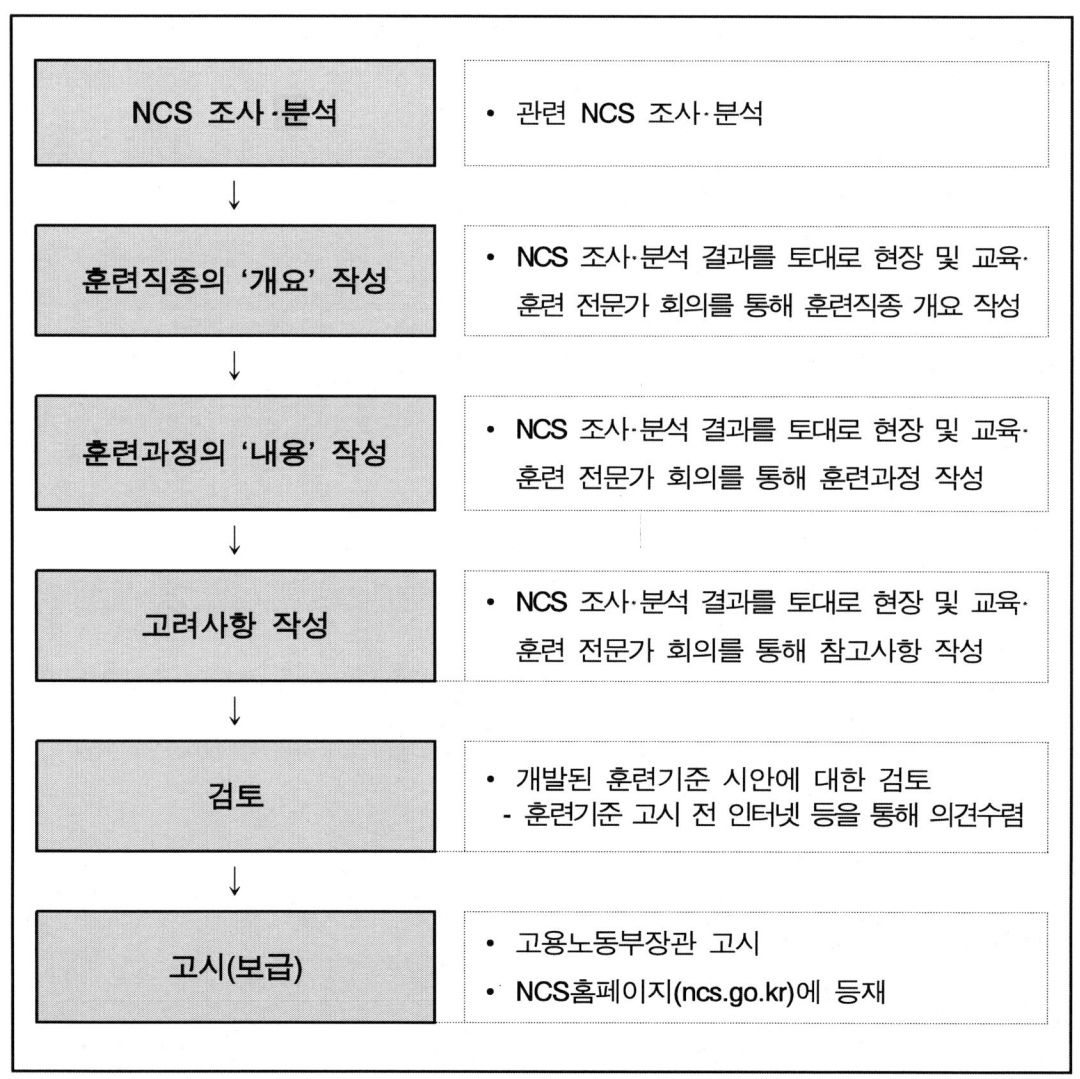

2. NCS기반 훈련기준 항목별 이해

2.1 훈련기준 직종개요

훈련기준	설 명
Ⅰ. 개 요 1. **직종명**[1]: 객실관리 2. **직종 정의**[2]: 고객이 편안하고 안락한 투숙을 위해, 예약접수, 체크 인/아웃, 객실과 공용지역 정비 및 호텔 세탁물 관리 등을 통해 최상의 객실 상품을 창출하는 업무에 종사 3. **훈련이수체계**[3] *[훈련이수체계표: 수준별(2~6수준, 사원~차장) 직종별(숙박기획·개발, 객실관리, 부대시설관리, 연회관리, 접객서비스) 능력단위 구성표]* 6수준 차장: 호텔 기획조탁, 호텔 프로젝트 5수준 과장: 호텔 인적자원관리, 호텔 교육, 호텔 관리회계, 호텔 마케팅, 호텔 홍보 / 객실 매출관리 / 부대업장 손익 관리, 식음료 메뉴기획, 식음료 직원관리 / 당직 4수준 대리: 호텔 총무, 호텔 영업회계, 호텔 구매, 호텔 판촉 / 객실 수납, 객실 일일 마감, 재실고객관리, 하우스키핑관리 / 식음료 고객관리, 휘트니스 센터 회원관리 / 연회 판촉, 연회 행사 외부업체 관리 / GRO 3수준 주임: 체크 인, 체크 아웃, 객실 예약접수, 하우스키핑정비 / 식음료 업장관리, 델리숍 관리, 휘트니스센터 운영 / 연회 예약 상담, 연회 기획, 연회 행사 준비, 웨딩, 출장 연회, 연회 행사 정산, 연회 행사 사후 관리 / 고객서비스센터, 비즈니스센터, 귀빈층 라운지, 컨시어지 2수준 사원: 호텔 세탁물관리 / 호텔 레스토랑 서비스, 호텔 음료 서비스 / 연회 행사 진행 / 벨 데스크, 도어 데스크, 발렛 직업기초능력 수준\직종: 숙박기획·개발, 객실관리, 부대시설관리, 연회관리, 접객서비스	**① 직종명** - 국가직무능력표준의 분류체계의 **세분류명**과 동일 - 훈련과정 개발시 훈련기관의 훈련직종명(학과명)으로 활용 가능 **② 직종 정의** - 국가직무능력표준 분류체계의 **세분류 정의와 연계**하여 해당 직종에서 수행하는 직무내용을 정의 - 훈련기관에서 운영하는 **훈련직종의 훈련목표로 활용가능** **③ 훈련이수체계** - 국가직무능력표준을 활용하여 개발한 『경력개발경로모형』의 수준별·유형별 토대에서 훈련과정을 제시한 모형 - 훈련기관에서 **훈련과정 개발시 훈련과정명 설정시 활용가능**

훈련기준	설 명
※ 해당직종(음영)의 훈련과정을 편성하는 경우 해당직종에서 제시한 능력단위를 훈련과정 목표에 맞는 수준으로 과정/과목을 편성하고, 이외 직종의 능력단위를 훈련과정에 추가 편성하려는 경우 유사(타) 직종의 능력단위를 추가할 수 있음	[훈련이수체계활용 과정명 개발방법] - 훈련이수체계에서 음영색 부분은 해당직종의 필수과정/과목으로 훈련과정 편성에서 중심이 됨 - 해당직종명과 수준명을 결합하여 훈련과정 편성 예) "체크인", "체크아웃", "객실 예약 접수", "하우스키핑 정비", "호텔 세탁물관리' 과정을 편성하는 경우 → 객실관리 초급과정 등으로 과정명 설정
4. 훈련시설[4] 	시설명\훈련인원	기준인원	면적	기준인원 초과 시 면적 적용	시 설 활용구분(공용/전용)
---	---	---	---	---
강 의 실	20명	45㎡	1명당 1.5㎡씩 추가	공 용
컴퓨터실 (강의실 겸용가능)	20명	45㎡	1명당 1.5㎡씩 추가	공 용
객실 실습실	20명	72㎡	1명당 3.6㎡씩 추가	공 용 | **5. 훈련교사**[5] • 근로자직업능력개발법 제33조의 규정에 따름	④ 훈련시설 - 훈련실시에 필요한 시설 - **훈련과정 인정 심사시 시설기준으로 활용** - 시설 중 **공용**은 해당시설을 반(班) 구분에 상관없이 활용하여도 가능하고, **전용**은 해당 직종의 훈련 장비가 설치된 장소로 타 훈련 직종에서 활용할 수 없는 시설을 의미 ⑤ 훈련교사 - 「근로자직업능력개발법」 제33조와 관련 규정에 따라서 제시 - **훈련과정 인정심사시 훈련 교·강사 기준으로 활용**

2.2 직업기초능력 과정/과목

훈련기준	설명
Ⅱ. 훈련과정 ○ 과정/과목명 : 직업기초능력 - 훈련개요 | 훈련목표①	직업인으로서 갖추어야할 기본적인 소양을 함양
훈련시간②	훈련과정 편성시 전체 훈련시간의 10% 이내로 자율편성
훈련가능시설③	강의실, 컴퓨터실
권장훈련방법④	집체 또는 원격훈련 | | 단원명⑤	학습내용⑥
의사소통능력	업무를 수행함에 있어 글과 말을 읽고 들음으로써 다른 사람이 뜻한 바를 파악하고, 자기가 뜻한 바를 글과 말을 통해 정확하게 쓰거나 말하는 능력
수리능력	업무를 수행함에 있어 사칙연산, 통계, 확률의 의미를 정확하게 이해하고 이를 업무에 적용하는 능력
문제해결능력	업무를 수행함에 있어 문제 상황이 발생하였을 경우, 창조적이고 논리적인 사고를 통하여 이를 올바르게 인식하고 적절히 해결하는 능력
자기개발능력	업무를 추진하는데 스스로를 관리하고 개발하는 능력		① 훈련목표 - "직업인으로서 갖추어야할 기본적인 소양을 함양"으로 제시 - 훈련기관의 훈련과정 편성시 직업기초능력을 반영하는 경우 **교과목표로 활용**가능 ② 훈련시간 - 훈련을 위한 시간 제시 - 직업기초능력은 훈련과정 편성 시 **전체 훈련시간의 10% 이내로 편성** - 직업기초능력은 양성훈련과정에 포함하도록 권장 ③ 훈련가능시설 - 직업기초능력의 강의는 강의실, 컴퓨터실 등 집체훈련이 가능한 시설 ④ 권장훈련방법 - 과정 운영을 위한 훈련방법으로 집체훈련, 원격훈련 중 선택 ⑤ 단원명 - 해당훈련 직종과 관련된 NCS 직무의 직업기초능력을 토대로 제시 - 훈련기관에서 훈련과정을 편성하는

훈련기준		설 명
단원명⑤	학습내용⑥	경우 NCS에 제시된 "직업기초능력"을 토대로 10개 단원(영역)을 선택하여 훈련과정의 직업기초능력 교과목의 단원으로 편성 ⑥ 학습내용 - 직업기초능력 단원(영역)별 정의 - 훈련기관에서 편성하는 **훈련과정의 직업기초능력 교과목 단원별 훈련내용으로 활용가능**
자원관리능력	업무를 수행하는데 시간, 자본, 재료 및 시설, 인적자원 등의 자원 가운데 무엇이 얼마나 필요한지를 확인하고, 이용 가능한 자원을 최대한 수집하여 실제 업무에 어떻게 활용할 것인지를 계획하고, 계획대로 업무 수행에 이를 할당하는 능력	
대인관계능력	업무를 수행하는데 있어 접촉하게 되는 사람들과 문제를 일으키지 않고 원만하게 지내는 능력	
정 보 능 력	업무와 관련된 정보를 수집하고, 이를 분석하여 의미 있는 정보를 찾아내며, 의미 있는 정보를 업무수행에 적절하도록 조직하고, 조직된 정보를 관리하며, 업무 수행에 정보를 활용하고, 이러한 제 과정에 컴퓨터를 사용하는 능력	
기 술 능 력	업무를 수행함에 있어 도구, 장치 등을 포함하여 필요한 기술에는 어떠한 것들이 있는지 이해하고, 실제로 업무를 수행함에 있어 적절한 기술을 선택하여, 적용하는 능력	
조직이해능력	업무를 원활하게 수행하기 위해 국제적인 추세를 포함하여 조직의 체제와 경영에 대해 이해하는 능력	
직 업 윤 리	업무를 수행함에 있어 원만한 직업생활을 위해 필요한 태도, 매너, 올바른 직업관	

2.3 전공 과정/과목

2.3.1 전공 과정/과목 개요

훈련기준

○ 과정/과목명[①] : 1203020201_13v1 객실 예약접수
  - 훈련개요

훈련목표[②]	객실 및 부대시설 이용정보 파악, 예약현황 및 고객이력 확인, 예약관련 자료작성 및 변경을 처리하는 능력을 함양
수　　준[③]	3수준
훈 련 시 간[④]	20시간
훈련가능시설[⑤]	강의실(컴퓨터실, 객실실습실)
권장훈련방법[⑥]	집체훈련

설　　명

① 과정/과목명

 - 훈련과정을 개설하고자 하는 직무의 **국가직무능력표준 능력단위와 능력단위 분류번호 제시**
 - 훈련기관에서 과정 편성시 **훈련과정의 과정명 또는 교과목명으로 활용**가능

  * 단기훈련과정에서는 직종명과 결합하여 과정명으로 제시하고, 과목명으로 활용
    ⇒ 예) 과정명 : 객실관리 초급과정(객실 예약접수), 교과목명 : 객실 예약접수

  ** NCS기반 훈련기준에서 제시된 훈련과정/과목명을 반영하는 경우 해당 과정/과목의 능력단위 분류번호는 편성하는 훈련과정에 반드시 제시 ⇒ 예) **1203020201 객실 예약접수**

② 훈련목표

 - 해당과정/과목의 훈련목표를 제시한 것으로, NCS 능력단위 정의를 활용하여 "~~하는 능력을 함양"으로 표현
 - 훈련기관에서 편성하는 **훈련과정 교과목의 훈련목표로 활용**

훈련기준

③ 수준

- 해당 훈련과정/과목의 수준으로, "훈련이수체계"의 수준을 토대로 제시

- 훈련기관에서 훈련과정 편성시 훈련과목을 훈련받는 훈련생이 도달해야 할 성취목표 수준으로, 훈련생의 수준을 고려하여 교과목으로 선택

    * 양성(구직자) 훈련은 가급적 낮은 수준(3~4수준 이하)을 선택하여 훈련과정에 편성하도록 하고, 재직자 향상훈련은 훈련에 참여할 대상자의 수준에 부합하게 선택하여 훈련과정 편성

④ 훈련시간

- 해당 훈련과정/과목의 훈련시간을 제시

- 훈련기관에서 훈련과정 편성시 **훈련과목(능력단위)의 시간으로 최대 50%까지 증감 조정가능**

    * 훈련기관별 훈련과정 편성시 훈련 목표, 훈련대상 등 훈련 여건에 따라 제시된 훈련시간의 50%이내에서 증감 조정하여 자율적으로 편성 운영

⑤ 훈련가능시설

- 해당 훈련과정/과목의 훈련가능시설

- 훈련기관에서 편성하는 훈련과정 교과목의 훈련가능시설로 **훈련인원 대비 면적 기준은 해당직종 훈련기준 개요부의 '훈련시설'에 맞게 갖추어야 함**

    → 단, 훈련사업별로 시설기준을 별도로 제시한 경우는 해당 사업의 기준에 따름

⑥ 권장훈련방법

- 과정 운영을 위한 훈련방법을 제시한 것으로, "집체훈련, 원격훈련, 현장견학, 현장실습" 중 선택하여 제시

- 훈련기관에서 훈련과정 편성시 해당 **훈련기준 과정/과목에서 제시하는 훈련방법으로 훈련**

    → 단, '현장실습' 또는 '현장견학'은 가능한 기업 또는 기관의 시설을 반드시 제시해야하며, 사업별 가능 훈련방법은 별도 확인 필요(일부 훈련사업에서는 현장실습, 현장견학을 인정하지 않을 수 있음)

2.3.2 전공 과정/과목 편성내용

훈련기준	설 명
- 편성내용 	단원명⑦ (능력단위 요소명)	훈련내용⑧ (수행준거)	평가시 고려사항⑨
---	---	---
객실 및 부대시설 이용정보 파악하기	1.1 호텔의 객실 유형·위치, 평수, 객실 타입 등에 따라 객실 및 부대시설 정보를 구분하여 파악할 수 있다. 1.2 객실 요금 종류(공표요금, 특별요금, 계약요금) 등에 따라 마켓별 요금을 구분하여 적용할 수 있다. 1.3 객실 판매 촉진 전략에 따라 패키지나 프로모션 상품을 파악하여 상담 및 판매할 수 있다. 1.4 당일에 적용된 적정요금 BAR(Best Available Rate)에 따라 고객에게 객실 상품을 설명할 수 있다. 1.5 부대시설의 종류와 이용안내를 위해 호텔 정보를 파악할 수 있다. 1.6 고객에게 다양한 정보 제공을 위해 호텔 주변의 정보(관광, 쇼핑, 식당, 극장 공연 등)를 조사하여 안내문을 작성할 수 있다.	• 평가자는 다음의 사항을 평가해야 한다. • 호텔상품, 종류 및 요금제도에 대한 지식 • 호텔 패키지나 프로모션 상품 정보 • 호텔시스템(Fidelio, Opera 등)에 대한 지식 • 객실구조에 대한 지식 • 예약 확인에 대한 지식 • 고객숙박등록카드 작성 지식 • 예치금(예약보증금) 취소 및 반환 처리 능력 • 매출액 확정 및 기록(Posting) 관련 업무 지식 • 적정요금(BAR)에 대한 지식 • 초과 예약 관련 지식 • 캐셔 모듈 사용에 대한 지식 • 각종 문서, 자료, 카드 작성 지식 • 시스템 용어 • Comment, Trace, Alert, Remark 확인 지식 • 부대시설 관련 정보 • 전화 응대 지식 • 호텔객실 현황 정보 파악 지식 • 관광 쇼핑 관련 주변정보
예약현황 파악하기	2.1 호텔 예약 시스템을 기반으로 예약 가능한 객실현황을 파악할 수 있다. 2.2 당일 점유율에 따라 적정 객실요금 BAR(Best Available Rate)를 제시할 수 있다. 2.3 객실 예약 초과 상황 발생 시 예약 처리 규정에 따라 객실 종류를 조정할 수 있다. 2.4 멤버십 여부 및 예약 경로(전화, 편지, 팩스, 웹사이트, 여행사, CRS, GDS 등)를 통해 예약을 확인할 수 있다. 2.5 취소율 및 노쇼(No-Show)율의 결정에 따라 초과 예약을 받을 수 있다.	
고객이력 과 기호 확인하기	3.1 고객정보를 통해 선호하는 객실(금연, 전망, 장애인 등) 및 취향을 파악할 수 있다. 3.2 고객 요청에 따라 차별화된(침구류, 가습기, 공기청정기 등) 서비스를 제공할 수 있다. 3.3 고객의 특별한 요청 사항에 따라 해당 서비스(Early Check-in, Late Check-out 등)를 제공할 수 있다. 3.4 고객 정보의 관리를 통해 기존 이력 사항을 수정 또는 보완 할 수 있다. 3.5 수정된 정보를 기반으로 고객 데이터를 확보할 수 있다.	
예약관련 자료 작성하기	4.1 예약카드 작성을 통해 투숙정보(도착, 출발 일자, 객실 타입, 요금, 지불 방법, 요구 사항 등)를 작성할 수 있다. 4.2 작성된 예약카드를 통해 고객정보를 재확인할 수 있다. 4.3 예약된 객실을 보증하기 위해 고객에게 예약 보증금(현금 입금, 신용카드 등)을 요청할 수 있다. 4.4 시스템에 입력된 고객예약 사항을 기반으로 예약 슬립을 작성 할 수 있다. 4.5 고객에게 최종 예약 확인 시 예약 번호, 담당 직원의 이름을 안내할 수 있다.	
예약변경 하기	5.1 고객의 요청에 따라 예약 변경 또는 취소가 가능한지 먼저 확인할 수 있다. 5.2 고객의 예약 변경 또는 취소 시 사유를 확인할 수 있다. 5.3 예약규정에 따라 취소수수료(Cancellation Charge) 지불에 관한 안내를 할 수 있다. 5.4 고객과의 재확인을 통해 예약 사항을 변경할 수 있다. 5.5 예약 변경 시 변경된 사항을 시스템에 입력하고 고객에게 메일, 팩스, 유선 등으로 확인서를 제공할 수 있다.			⑦ 단원명(능력단위요소명) - 해당 훈련과정의 단원명으로 **NCS 능력단위별 능력단위요소** - 훈련기관에서 훈련과정 편성시 편성한 **교과목의 단원으로 훈련기준 과정/과목에서 제시한 모든 단원을 반드시 반영** - **일부단원(능력단위 전체가 아닌 일부 능력단위요소)만을** 사용하는 경우, 훈련 사업별 과정 신청·심사시 NCS **미적용으로 처리됨**을 주의 ※ 단, 훈련기준의 과정/과목 편성 시수가 단일과목으로 편성하기 어려워 과목을 분할하는 경우에는 적정하게 분할하여 편성 가능 (44쪽 참조) ⑧ 훈련내용(수행준거) - 단원별로 훈련하여야 할 세부적인 훈련내용으로, NCS 능력단위요소별 수행준거를 제시 - 훈련기관에서 훈련과정 편성시 **편성한 교과목의 단원별 주요 훈련내용으로 활용** ⑨ 평가시 고려사항 - 본 과정의 평가를 위한 평가사항을 기재하되, NCS 능력단위별 평가 시 고려사항을 참고하여 작성 - 훈련 교과목별 훈련생 평가시 핵심적인 **평가사항 및 주의할 내용으로 활용**

2.3.3 전공 과정/과목 지식·기술·태도

훈련기준	설 명
- 지식·기술·태도 **지식⑩** 주요내용 • 객실 상품 지식 • 객실 상품의 종류 및 요금제도 • 객실 요금제도 • 객실 타입과 내부 시설 정보 • 객실업무 운영지침 및 용어 • 고객 의사소통에 대한 지식 • 고객 이력(Data-base) 관리 정보 • 고객 취향에 대한 분석 방법 • 예약 방법과 전산 시스템 운영 지식 • 예약 슬립 작성 지식 • 예약 취소 및 변경에 대한 절차 지식 • 적정가격(BAR)에 대한 지식 • 초과예약 처리 규정 • 패키지나 프로모션 상품 특성 • 호텔 객실 현황 정보 • 호텔 예약 규정 • 호텔 예약 S/W 운영 시스템 • 호텔 전산 시스템의 예약 절차 • 호텔 전산정보 처리 시스템 • 호텔 취소수수료 계산 방법 • 호텔의 지불 방법 정보 **기술⑪** • 객실 현황 파악 능력 • 고객 유형 파악 능력 • 고객 정보 수집 능력 • 고객과의 의사소통 능력 • 고객정보 시스템 활용 기술 • 대인 관계 능력 • 대인관계 능력 • 문서화 능력 • 예약 및 전화 응대 능력 • 예약 슬립 작성 기술 • 예약 시스템 조작 기술 • 예약 시스템(Opera, Fidelio, Sanha, HIS) 활용 기술 • 예약 취소, 변경에 대한 처리 능력 • 예약 확인 및 처리 기술(객실 현황 파악) • 예치금 카드를 요청하는 능력 • 정보 검색 기술 • 차별화된 고객 응대 능력 • 초과 예약 비율 결정 능력 • 컴퓨터 단말기 조작 기술(PMS & CRS) • 특별한 요청에 대한 사전 객실 배치 능력 • 호텔의 각종 문서, 자료, 카드 작성 기술 • 효과적인 의사전달 능력 **태도⑫** • 고객 성향을 분석하려는 노력 • 고객 요청에 대한 적극적 수용 태도 • 고객 요청에 대한 적극적인 수용 노력 • 고객에 대한 적극적인 서비스 제공 의지 • 고객에게 친절하고 상냥한 태도 • 고객의 니즈를 파악하려는 적극적인 태도 • 고객의 불편 사항을 해결하려는 의지 • 고객의 의견을 기록 반영하는 태도 • 생산성을 높이기 위한 적극적인 태도 • 수치를 확인하려는 신중하고 침착한 태도 • 신속 정확하게 처리하려는 책임감 있는 태도 • 예약 현황을 분석하는 적극적인 노력 • 예약을 신속히 처리하기 위한 노력 • 원활한 의사소통 창출을 위한 의지 • 절차에 대한 규정 준수 • 정보 수집을 위한 정확하고 분석적인 태도 • 정보 이해에 대한 노력 • 정확하고 신속한 기록을 위한 노력 • 호텔 고객에 대한 정보 습득과 정보 제공을 위한 의지	⑩ 지식 - 법규, 사실, 이론, 개념, 원리에 관한 사항으로 **NCS 능력단위요소별 지식을 통합**하여 제시 - 훈련 교과목별 **이론교재 또는 교안 개발 시 활용** ⑪ 기술 - 방법, 매체, 도구, 기구 등 사용에 관한 사항으로, **NCS 능력단위요소별 기술을 통합**하여 제시 - 훈련 교과목별 **실습교재 또는 교안 개발 시 활용** ⑫ 태도 - 법적, 사회적, 도덕적 책임과 의무에 관한 사항으로, **NCS 능력단위요소별 태도를 통합**하여 기재 - 훈련 시 훈련생이 갖추어야 할 태도로 지도

2.3.4 전공 과정/과목 장비

훈련기준	설 명
- 장비 	장 비 명⑬	단위⑭	활용구분⑮ (공용/전용)	1대당 활용인원⑯
---	---	---	---
• 컴퓨터	대	공용	1
• PMS 시스템(데모버전)	세트	공용	1
• 전화기	대	공용	5
• 빔 프로젝트	대	공용	-

• 프린터	대	공용	- |
			
			※ 장비는 주장비만 제시한 것으로 그 외의 장비와 공구는 별도로 확보
				⑬ 장비명
				- 훈련내용에 필요한 주장비
				- 훈련기준에서 제시된 훈련장비명은 특정회사의 상품명을 제시하지 않는 것을 원칙으로 하고 있으나, 특정회사에서 독점적으로 공급되는 특정 장비명이 일반화된 경우에는 해당 상품명을 사용
				
				⑭ 단위
				- 주장비의 단위(대, 개, 세트, 식, 본 등)
				
				⑮ 활용구분
				- 공용, 전용으로 구분하여 제시
				  ※ **(공용)** 훈련에 필요한 장비를 훈련에 지장이 없는 범위 내에서 타반의 훈련생들이 공동으로 이용할 수 있는 장비
				  ※ **(전용)** 타 직종훈련 시 활용할 수 없는 장비
				
				⑯ 1대당 활용인원
				- 주장비 1대당 활용인원 기재
				- 훈련기관에서 편성하는 **훈련과정 교과목의 훈련장비로 훈련인원 대비 장비수량을 확보**해야 함
				- 활용인원에 "-"의 의미는 훈련인원에 상관없이 1단위만 확보하면 가능한 것을 의미
				- 단, 훈련사업별로 장비기준을 별도로 제시한 경우는 해당 사업의 기준에 따름

2.4 고려사항

훈련기준	설 명

Ⅲ. 고려사항①
 	
1. 활용방법
• 훈련기준에서 제시한 이외의 과정수립에 필요한 사항은 「근로자직업능력개발법」 등 관련 규정을 참고하시기 바랍니다.
• 본 훈련기준의 훈련과정은 모듈식으로, 장-단기과정 모두에서 활용가능하며, 훈련사업별로 요구하는 훈련과정 편성지침에 따라 편성할 수 있습니다.
• 훈련과정을 편성하는 경우, 수강생의 수준에 적합하게 훈련이수체계도에서 제시한 해당직종의 훈련과정/과목을 필수로 반영하고, 이외 관련 직종의 과정/과목을 선택하여 편성할 수 있습니다.
  - 단, 훈련생이 '필수과정'의 일부 훈련 과정/과목을 이수하거나, 직무수행경력이 있는 경우에는 해당 훈련과정/과목을 제외하고 훈련할 수 있습니다.
  - 효율적으로 훈련하기 위해 둘 이상의 과정/과목을 결합하여 대(大)과목으로 편성하거나, 하나의 과정/과목을 둘 이상의 세(細)과목으로 편성하여 훈련할 수 있습니다.
  - 훈련과정/과목에서 제시한 훈련시간은 훈련생의 학습능력을 고려하여 최대 50%까지 조정하여 훈련할 수 있습니다.
 	
2. 참고사항
  가. 관련자격종목
     ○ 호텔관리사　　○ 호텔서비스사
  나. 직업 활동 영역
     ○ 호텔업　　　　○ 휴양콘도미니엄
     ○ 숙박업　　　　○ 유스호스텔
  다. 국가직무능력표준 관련 직종
     ○ 숙박기획개발　○ 부대시설관리
     ○ 접객서비스
  라. 관련 홈페이지 안내⑤
     ○ 훈련기준 및 국가직무능력표준 : http://www.ncs.go.kr
     ○ 자격정보 : http://www.q-net.or.kr
     ○ 훈련교재 및 매체 : http://book.hrdkorea.or.kr
	① 고려사항
	- 훈련과정 운영을 위한 활용방법, 자격, 직업활동 영역, 국가직무능력표준 관련 직무 및 관련홈페이지 등에 대한 정보
	
	② 관련 자격종목
	- 해당 훈련과정과 관련된 국가자격 또는 국가기술자격 종목
	
	③ 직업활동영역
	- 직무 훈련 수료 후 취업 가능한 직업 및 직업영역
	
	④ 국가직무능력표준 관련 직종
	- 해당 훈련과정과 관련된 NCS 세분류(직종)
	
	⑤ 관련 홈페이지 안내
	- 훈련기준 및 NCS, 자격정보 및 훈련교재 및 매체에 대한 정보를 확인할 수 있는 홈페이지 정보
	- 훈련매체는 교육부(직능원)에서 개발한 "학습모듈"이 있는 경우 이를 사용
	* http://www.ncs.go.kr에서 확인

PART

훈련과정 편성

1. 훈련과정편성 개요
2. 훈련과정 요구분석
3. 훈련과정 설계
4. 훈련과정 개발

1. 훈련과정 편성 개요

1.1 훈련과정의 개념

○ 훈련과정은 훈련에 대한 구체적인 계획과 학습방법 및 평가방법을 담은 교·강사를 위한 "훈련운영계획서"와 훈련생을 위한 "학습안내서"를 포함
 - 훈련운영계획서는 ① **훈련과정 개요**, ② **교과목별 교수계획서**, ③ **수행평가서**로 구성
 - 학습안내서는 ① **훈련과정 소개** ② **(과목별)수행내용**, ③ **(과목별)자기평가서**로 구성

【 훈련과정 구성요소별 세부내용 】

구성요소		세부 내용
훈련 운영 계획서 (교·강사용)	훈련과정 개요	• 훈련과정명 : 훈련 대상 과정명
		• 훈련기간/시간 : 해당과정 훈련기간 및 전체 훈련시간
		• 훈련수준 : 훈련을 통해 달성하고자 하는 수준
		• 훈련대상 : 훈련을 원활하게 수강하는 데 필요한 훈련생의 교육훈련, 자격, 직무경험 등 선행학습 및 선수 능력에 대한 조건 제시
		• 훈련목표 : 훈련을 통해 양성하고자 하는 인력의 목표
		• 훈련이수체계도 : 훈련과목 이수 절차도
		• 훈련과정 교과목 운영 로드맵
		• 훈련교과 총괄표 : 훈련과정을 구성하는 NCS 소양교과, NCS 전공교과, 비 NCS교과(이론, 실습)를 제시 - NCS 소양교과 : NCS 직업기초능력교과의 영역을 과목으로 편성 - NCS 전공교과 : NCS의 능력단위를 실습위주의 과목으로 편성(훈련과정의 핵심) - 비 NCS 교과 (이론, 실기) : NCS이외의 특정 산업체 또는 지역의 수요가 있는 경우 이론 또는 실습 과목으로 편성가능

구성요소		세부 내용
	과목별 교수계획서	• 교과목명, 훈련목표, 훈련교재. 주요 교수계획 • 교과목별 세부교수계획 : 세부 지도목표. 지도내용, 교수학습방법, 평가방법
	수행평가서	• 과목별 훈련생 수행평가 결과 제시 • 훈련과정 종합 수행평가 결과 제시
학습 안내서 (훈련생용)	훈련과정 개요	• "훈련운영계획서와 동일"
	과목별 수행내용	• 수행목표 : 훈련 후 달성해야 할 일반 목표 • 세부목표 : 수행 목표별 세부목표 • 선수교과 : 특정 교과목을 수월하게 학습하기 위해, 훈련기준의 훈련이수체계에서 해당 교과목(능력단위) 보다 하위 수준의 교과목 또는 선행 학습이 필요한 교과목(능력단위) 등을 의미 • 해당 교과목을 효과적으로 학습할 수 있는 자료 제시
	자기평가서	• 해당 교과목에 대한 성취수준을 학생 스스로 평가

1.2 NCS기반 훈련과정의 개념

○ NCS기반 훈련과정은 NCS기반 훈련기준을 적용하여 훈련에 대한 구체적인 계획과 학습방법 및 평가방법을 담은 교·강사를 위한 "훈련운영계획서"와 훈련생을 위한 "학습안내서"등을 개발한 훈련과정

- 훈련운영계획서에는 NCS기반 훈련기준에서 제시한 과정/과목별 수준에 적합한 훈련이수체계를 제시(추후 구축하는 NQF자격과 연결을 고려)

- 훈련교과 총괄표에 반영한 NCS기반 훈련기준의 과정/과목명(능력단위)은 능력단위 분류번호와 함께 제시

- 과목별 교수계획서는 해당 NCS기반 훈련기준 과정과목(능력단위)에서 제시한 수행준거 모두를 포함하고, 적정한 평가방법과 수행평가서를 제시

- 학습안내서의 훈련과정개요, 과목별 수행내용, 자기평가서를 교수계획서와 연계하여 NCS를 활용하여 제시

1.3 NCS기반 훈련과정 편성원칙

○ 산업현장 수요조사 실시
  - 'NCS기반 훈련기준'의 훈련교과에 반영할 '과정/과목'은 기업체의 수요조사(교육훈련 요구분석)를 통해 선정하여 직업능력개발훈련의 효율성과 효과성 제고
  - 양성훈련과정은 훈련생의 취업목표 기업체를 대상으로 수요조사를 실시하여, 기업에서 요구하는 능력을 훈련생이 충분하게 함양할 수 있도록 편성
  - 향상훈련과정은 기업체 경영전략과 근로자의 경력개발 등을 함께 고려한 수요조사를 실시하여 훈련과정/과목 선정
○ 근로자의 효과적인 직업능력개발을 고려
  - NCS와 활용패키지를 활용하여 제시하는 '근로자경력개발경로모형', 'NCS기반 훈련기준'에서 제시한 '훈련이수체계도'를 토대로 '일-교육·훈련-자격'이 연계되도록 훈련과정을 편성
○ 산업현장 요구를 반영한 'NCS기반 훈련기준' 활용
  - 'NCS기반 훈련기준'은 NCS의 능력단위를 모듈형 과목/과정으로 제시하였으며, 이를 활용하여 훈련과정을 편성함에 있어 직무수행에 필요한 능력(지식·기술·태도)과 능력의 평가를 위한 조직화된 내용이 변형되지 않도록 훈련과정을 편성
    ☞ 훈련과정 편성을 위해 선택한 NCS기반 훈련기준의 과정/과목(능력단위)은 해당 단원(능력단위요소)을 100% 반영해야 함
○ 'NCS기반 훈련기준'의 훈련 이수체계도를 기반으로 훈련 대상자에 맞는 수준별 훈련과정 편성
  - 신규구직자(양성) 과정은 1~4수준으로 훈련과정 편성
    ※ 기업체의 요구, 인력양성 목표, 훈련대상자에 선수능력 등을 제시한 경우, 목표수준의 상위 수준 능력단위를 활용하여 훈련과정 편성 가능
  - 재직자 향상과정은 4수준 이상으로 편성
    ※ 단, 전직 등 기업의 수요에 따라 필요한 경우 4수준 이하의 훈련과정 편성 및 목표수준의 상·하위수준 능력단위를 활용하여 훈련과정 편성 가능

1.4 품질 중심의 훈련과정 편성

○ 훈련과정의 설계·운영에 따라 최종적인 '산출물 또는 이수자'의 "質"이 결정되는 바, 직업훈련 과정의 이수자가 해당 훈련과 연계된 직종의 직업에 충분히 종사할 수 있는 직업능력을 갖출 수 있도록 개발되어야 하므로

- "質" 관리 중심의 훈련과정은

단계	내용
1. 내·외부 환경분석	• 내부환경과 외부환경으로 구분하여 분석 내부환경 분석 : 교육훈련기관 현행 교과과정분석, 구성원 역량 분석 등 외부환경 분석 : 지역·산업분석, 인력수요분석, 경쟁자(공급) 분석 등
2. SWOT 분석	• 내·외부 환경 분석 결과를 바탕으로 교육훈련기관 내부 역량에 대한 강점과 약점, 외부 환경에 대한 기회 요인과 위험 요인으로 구분하여 분석하여, 교육훈련기관의 인력양성 목표 수립을 위한 시사점 도출
3. 인력양성목표 수립	• NCS의 능력단위 구조도의 직능유형(Skill Type)별 직능수준(Skill Level)을 기반으로 해당 교육훈련기관의 인력양성 목표 수립
4. 능력단위 선정	• 해당 교육훈련기관의 인력양성 목표를 달성하기 위한 NCS의 능력단위를 중요도와 난이도를 기준으로 우선순위를 설정하여 선정하며, 이를 위한 최소 교육훈련 시간 산정
5. Gap Analysis	• 기존 교과목과 선정된 능력단위의 내용을 분석하여, 기존 교과목 및 교재 활용의 적절성 및 신규 교과목 및 교재 개발 필요성을 도출
6. 교과목 도출	• 선정된 능력단위를 기준으로 교과목을 도출하며, 교육훈련 기관의 교과 편성기준에 따라, 교육훈련 시간(학점) 및 필수·선택 교과목 선정
7. 교육훈련운영로드맵 개발	• 도출된 교과목을 기반으로 선수·후수 교과목을 선정하고, 교육훈련 기관의 학제와 교과 편성기준에 따라, 교과 편성표 개발
8. 교과목별 Profile 개발	• 도출된 교과목별로 선정된 능력단위의 능력단위 기술서, 적용범위 및 작업상황, 평가지침, 직업기초능력을 종합하여, 세부 내용 개발
9. 교재개발 계획 수립 및 교재개발	• 개발된 교과목별 프로파일을 바탕으로 연도별 교재개발 계획을 수립하고, 이에 따라 세부 교육훈련과정 개발 및 교재 개발 수행

2. 훈련과정 요구분석

2.1 직종(학과)별 훈련목표설정

○ 직종별 훈련생 채용, 재직자훈련 참여 등 훈련에 협력할 기업의 전문가와 훈련교사가 참여하에 NCS기반 훈련기준의 직종정의를 활용하여 훈련목표설정

【 객실관리분야 NCS 정의를 참고한 훈련목표(예시) 】

객실관리 직종(학과) 훈련목표

◇ 고객의 편안하고 안락한 투숙을 위해, 예약접수, 체크 인/아웃 업무, 객실과 공용지역 정비 및 호텔세탁물 관리 등을 통해 최상의 객실상품을 창출하는 업무에 종사

참고

[참고] 숙박서비스 세분류(직종) NCS 기반훈련기준의 직종별 정의

직종	직종 정의
숙박기획·개발	숙박기획 개발은 숙박 기획 및 운영관리를 위하여 필요한 마케팅, 판촉, 인적자원관리, 기획, 재무회계, 호텔프로젝트를 하는 업무에 종사
부대시설관리	숙박객 및 방문객의 이용목적에 따른 편의제공을 위하여 식음료와 판매시설, 레저 스포츠 시설 등을 설치하여 운영·관리하는 업무에 종사
00000000	-------- 수행하는 직종

2.2 직종(학과)별 인력육성 방향 설정

○ 직종의 훈련과정 개발을 통해 육성된 인력의 역할을 규정하는 것으로 이는 과정 이수 후 산업현장에서 수행하여야 할 역할을 고려하여 작성
 - NCS기반 훈련기준의 관련 직종 정의를 활용하여 작성

【 객실관리분야 NCS 정의를 참고한 인력육성방향(예시) 】

인력유형	호텔 지배인
역할	고객의 편안하고 안락한 투숙을 위해, 예약접수, 체크 인/아웃 업무, 객실과 공용지역 정비 및 호텔세탁물 관리 등을 통해 최상의 객실상품을 창출하는 업무에 종사

2.3 훈련과정 편성 수요조사

○ 설정한 훈련직종의 NCS 능력단위목록 또는 NCS기반 훈련기준을 활용하여 기업체 수요조사를 실시하여, 훈련이 필요한 능력단위를 선정
 - 훈련 참여 가망 훈련생의 수준과 훈련기관의 여건, NCS의 분류와 능력단위, 수행준거 및 지식·기술·태도 등을 현장전문가와 훈련전문가가 검토하여, 직종(학과)별 훈련이 필요한 능력단위를 선정하고, 훈련 방법을 결정
 - 훈련과정 편성시 교과목 및 훈련내용을 구성하는 기본자료로 활용
○ 훈련과정 수요조사 시 NCS기반 훈련기준에 제시된 훈련이수체계도의 과정/과목별 수준에 대한 정보를 충분하게 공유하여, 훈련과정의 목표수준을 설정
 - 수준에 대한 개념은 p.5에 기술된 "NCS 수준별 개념" 참조
○ 훈련과정 수요조사 시 훈련방법 중 현장실습, 현장견학에 대한 가능성여부를 파악

【 숙박서비스 훈련 필요 능력단위 및 훈련방법(예시) 】

세분류	능력단위	능력단위 정의	능력단위 요소	훈련 필요성	훈련방법
객실관리	객실 예약접수	관련 내용 기재	관련 내용 기재	○	집체훈련 실습
	체크 인(Check In)	관련 내용 기재	관련 내용 기재	○	
	재실고객 관리	관련 내용 기재	관련 내용 기재	○	
	~~	~~~~	~~~~		
부대시설관리	식음료 업장관리	관련 내용 기재	관련 내용 기재	○	집체훈련 실습 / 현장훈련 실습
	호텔 레스토랑서비스	관련 내용 기재	관련 내용 기재	○	
	호텔 음료서비스	관련 내용 기재	관련 내용 기재	○	
	델리 숍 관리	관련 내용 기재	관련 내용 기재	○	
ㅇㅇㅇ	~~~~~~~~~~	~~~~	~~~~	○	···

* 수요조사 시 훈련방법은 집체훈련을 중심으로 조사하되, 현장실습에 대한 기업체의 가능 여부를 파악하여 약정체결을 통한 현장실습 추진
** 훈련수요 요구조사시, 능력단위, 능력단위 정의, 능력단위 요소 내용까지 기재하여 조사
*** 훈련 필요성 부분의 경우 중요도, 빈도, 난이도 또는 미래수요 측면을 포함하여 조사할 경우, 훈련시수, 훈련내용을 훈련과정 편성시 반영 가능

【 해면양식직종 훈련 필요 능력단위 및 훈련방법(예시) 】

세분류	능력단위	능력단위 정의	능력단위 요소	훈련 필요성	훈련방법
해면양식	사료제조	관련 내용 기재	관련 내용 기재	○	이론 강의 및 현장견학
	수하식 양식	관련 내용 기재	관련 내용 기재	○	
	가두리 양식	관련 내용 기재	관련 내용 기재		
	육상수조식 양식	관련 내용 기재	관련 내용 기재	○	
	바닥식 양식	관련 내용 기재	관련 내용 기재	○	
ㅇㅇㅇ	~~~~~~~~~~	~~~~~~~~~~		○	···

* 현장견학은 해면양식과 같은 거대 공간 등 훈련대체시설이 없거나, 실습에 따른 위험부담이 높아 집체훈련을 통한 실습이 현실적으로 가능하지 않을 경우에 한해 제한적으로 집체훈련을 통한 이론 강의와 함께 현장견학 병행

3. 훈련과정 설계

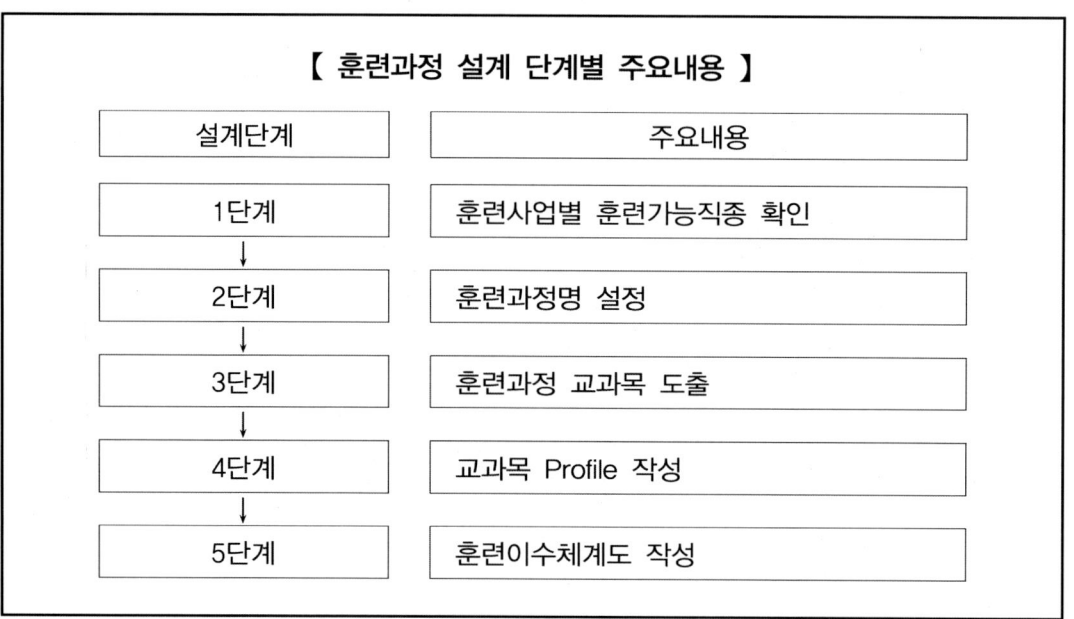

3.1 훈련사업별 훈련가능직종 확인

○ 훈련기관의 훈련직종을 토대로 위탁훈련 사업별로 요구하는 조건과 훈련실시 가능성을 검토

- 직업능력개발훈련 관련 사업에서 제시하는 요건과 NCS기반 훈련기준을 확인
- 훈련기관 소재지역의 기업체현황, 고용가능인력, 교육기관 및 훈련기관 현황, 훈련생확보 가능성 등을 충분하게 고려

3.2 훈련과정명 설정

○ 훈련기관에서 운영하는 훈련직종(학과)을 중심으로, 양성훈련, 향상훈련 등 직업능력개발훈련 사업별 특성에 부합하게 훈련과정명 설정

- 훈련과정명은 훈련의 특성이 함축적으로 나타날 수 있도록 NCS기반 훈련기준 직종명(NCS 세분류명)과 학습목표 또는 훈련대상자 특성을 반영하여 설정

훈련과정명 설정 방법(예시)

a. NCS 단일 직종(세분류)을 활용한 경우 해당 직종명을 토대로 학습목표 또는 훈련대상자 특징이 나타나도록 제시
   예) 객실관리 관련된 구직자 장기훈련과정 → 객실관리 구직자과정

b. 복수의 직종을 활용한 경우는 관련 직종명을 대표할 수 있는 명칭과 학습목표 또는 훈련대상자 특징이 나타나도록 제시
   예) 객실관리 부대시설관리직종을 결합하여 구직자과정을 편성한 경우 → 숙박서비스 기초과정

c. 재직자 향상훈련과정 등 단일 직종의 NCS기반 훈련기준에서 단일 훈련과정/과목을 편성한 경우는 직종명과 훈련대상자 또는 학습목표를 나타내어 제시하고 해당 훈련과정/과목명을 부제로 제시
   예) 객실관리 재직자를 대상으로 "객실 매출관리" 능력단위 하나를 훈련과정으로 정하는 경우 → 객실관리 전문가과정(객실 매출관리)

3.3 훈련과정 교과목 도출

3.3.1. 양성 훈련과정 교과목

○ 선정된 훈련과정의 훈련 필요 능력단위를 바탕으로 NCS기반 훈련기준을 활용하여 훈련교과목 도출

○ 훈련교과목당 훈련시간은 "훈련실시의 체계성"과 "훈련행정의 효율성"을 고려하여 설정

  ※ 훈련과목이 지나치게 작은 시간으로 세분화 되면 훈련생 성적처리 등 훈련행정 업무가 과중될 수 있고, 지나치게 많은 시간으로 통합되면 훈련교사의 강의 배정 등 훈련의 체계성이 저하 될수 있음

○ 훈련기준에서 제시한 훈련시간을 고려하여 관련성이 높은 능력단위를 그룹핑하여 하나의 교과목으로 통합하거나, 장시간 훈련이 요구되는 능력단위를 분할하여 교과목으로 설정

  - 훈련기준에서 제시한 훈련과정/과목의 훈련시간은 과정별 최대 50%까지 증감 조정 가능

【 숙박서비스분야 수요조사를 반영한 교과목 편성(예시) 】

세분류	능력단위 분류번호	능력단위	훈련시간	교과목	훈련시간
객실관리	1203020201_13v1	객실 예약접수	20 (10~30)	객실서비스 (객실예약접수 체크인 체크아웃)	50시간 *능력단위별 50% 증감
	1203020202_13v1	체크 인(Check In)	15 (7.5~22.5)		
	1203020206_13v1	체크 아웃(Check out)	15 (7.5~22.5)		
부대시설 관리	1203020301_13v1	식음료 업장관리	20 (10~30)	하우스키핑서비스	20시간
	1203020302_13v1	호텔 레스토랑서비스	45 (22.5~67.5)	호텔식음료서비스	90시간
	1203020303_13v1	호텔 음료서비스	45 (22.5~67.5)		
	0000000	~~~~~~~~~~		000000	00시간

3.3.2. 향상 훈련과정 교과목

○ 기업 및 재직근로자 수요조사를 통해 필요한 능력단위를 토대로 과정 편성
  - 수요조사시 근로자 경력개발을 고려하여, NCS(활용패키지)의 경력개발 경로 모형을 활용
    * 기업에서 자체적인 직원 훈련을 실시하는 경우, NCS기반 훈련기준의 훈련이수 체계도를 참고하여 자사 특성에 부합한 직원 "인력육성체계도"를 편성·활용할 것을 권장

【 기계업종 00사 인력육성체계도(예시) 】

○ 기업체 업무수행 등을 고려하여 가급적 단일 능력단위를 하나의 훈련과정으로 편성하되, 훈련기준에서 제시한 훈련시간의 50%이내로 증감 조정하여 편성
  - NCS기반 훈련기준에서 제시한 훈련시간은 준수하되, 기업의 연간 훈련계획에 의거하여 훈련을 실시하는 경우 분할 훈련 가능
  - 재직근로자 훈련기관 위탁 훈련의 경우, 능력단위를 부분적으로 활용하거나 (능력단위요소 또는 수행준거 일부만을), 훈련시간을 허용범위 외로 단축하여 훈련과정을 편성하면 NCS 비적용 과정으로 처리됨을 유의

* 능력단위의 훈련시간이 장시간 소요되는 훈련은 기업체와 협의를 통해 훈련일정을 수회로 분산하는 등의 대안을 마련하여 훈련과정 편성 가능

    예) 객실관리 50시간 훈련과정을 50% 단축하여 25시간 과정으로 편성하여 3회차로 분할하여 과정 편성은 가능하되, 훈련생은 해당과정 전체를 수강해야 해당 능력단위를 이수한 것으로 볼 수 있음

【 00호텔 객실관리 훈련과정 연간 운영계획(예시) 】

훈련기준		훈련과정 편성		객실관리 훈련 운영계획		
				1.14(금)	2.17(금)	3.15(금)
객실 예약관리 체크인 체크아웃	훈련 시간 50% 조정	객실 예약관리 체크인 체크아웃	연간 훈련 계획 반영	객실예약관리	체크인	체크아웃
50시간		25시간		10시간	8시간	7시간

3.4 교과목 Profile 작성

○ 설정된 직종별 훈련과목 및 이수단위를 바탕으로 현장전문가와 훈련전문가가 훈련과목 Profile을 작성하여 훈련과정 수립(교과목 Profile은 훈련과정을 체계적으로 편성하기 위한 기초 설계자료)

- 교과목 Profile의 주요 항목은 ① 과목명, ② 학습목표, ③ 훈련내용, ④ 훈련대상 및 이수단위, ⑤ 훈련방법, ⑥ 선수과목, ⑦ 관련 능력단위, ⑧ 훈련정보

【 교과목 Profile 구성요소 및 세부내용 】

구성요소	세부내용
과목명	• 선정된 능력단위를 그룹핑한 교과목명을 제시
학습목표	• 선정된 능력단위의 정의를 토대로 "~한다."의 형태로 학습 목표를 제시
훈련내용	• 기존 교과의 경우, 기존 교과의 교과내용을 준용하거나, 신설된 교과의 경우, 선정된 능력단위 요소를 활용하여 교과내용을 제시
훈련대상 및 훈련시간(이수단위)	• 훈련대상과 설정된 교과목의 훈련시간(이수단위)을 제시
교수학습방법	• 해당 NCS기반 훈련기준 과목/과정별 훈련내용(수행준거)을 활용하여 제시
선수과목	• 현 교과목의 이수 전, 이루어져야할 선행학습 교과목을 제시
관련 능력단위	• 교과목과 직접적으로 관련된 능력단위를 능력단위 분류번호와 능력단위명 형태로 제시
훈련정보	• 교과목의 구성과 특이사항을 제시

【 객실관리과정 훈련과목 Profile 주요항목 작성(예시) 】

교과목 Profile

☐ 교과목명 : 객실 예약접수

☐ 학습목표
  1. 객실 및 부대시설 이용정보 등을 파악한다.
  2. 예약현황 및 고객이력을 확인한다.
  3. 예약관련 자료작성 및 변경작업을 처리한다.

☐ 훈련내용
  1. 객실 및 부대시설 이용정보 파악하기
   - 객실 및 부대시설 정보 파악하기
   - 객실 요금종류 파악 및 적용하기
   - ~~~~~~하기
  2. 예약현황파악하기
   - 예약가능한 객실현황 파악하기
   - ~~~~~하기
  3. 고객이력과 기호 확인하기
   - 고객이 선호하는 취향 파악하기
   - 고객별 차별화된 서비스 제공하기
   - ~~~~~~하기

☐ 훈련대상 및 시간 : 신규 입직자 대상, 20시간

☐ 교수학습방법
  가. 학생의 학업 성취 수준, 취업 사정을 고려하여 지도의 중점을 달리할 수도 있다.
  나. 내용은 가급적 실습을 통하여 충분히 숙달되도록 한다.
  다. 객실예약하기의 유형별 ———

☐ 선수과목 : 없음

☐ 관련 능력단위
  1203020202_13v1 체크 인(Check In), 1203020203_13v1 재실고객 관리, 1203020206_13v1 체크 아웃(Check Out), 1203020208_13v1 하우스키핑 정비, 1203020209_13v1 하우스키핑 관리

☐ 훈련정보
  관련 훈련과정에 따라 체크인·아웃, 하우스키핑 정비 및 관리, 재실관리 등을 실시하고 점검 하는 업무와 관련된 내용으로 구성된다.

3.5 훈련이수체계도 작성

○ 훈련이수체계도는 훈련에 반영될 NCS기반 세 직무별 훈련기준의 훈련이수체계도를 편집하여 정리
- 필요한 경우 NCS능력단위 이외의 "비 NCS교과(산업체·지역 수요교과)"를 반영할 수 있음
  ※ 비 NCS 교과 (이론, 실기) 란 NCS이외의 특정 산업체 또는 지역의 수요 요구교과를 말함
○ 훈련과정 편성에 반영된 과정/과목명(능력단위명)은 음영으로 처리

【 객실관리 3수준 양성과정 훈련이수체계 작성 예시 】

수준	숙박기획·개발	객실관리	부대시설관리	연회관리	접객서비스	비 NCS 교과 (이론, 실습)
6수준	호텔 기획전략 호텔 프로젝트					
5수준	호텔 인적자원관리 호텔 교육 호텔 관리회계 호텔 마케팅 호텔 홍보	객실 매출관리	부대업장 손익 관리 식음료 메뉴기획 식음료 직원관리		당직	
4수준	호텔 총무 호텔 영업회계 호텔 구매 호텔 판촉	객실 수납 객실 일일 마감 재실고객관리 하우스키핑관리	식음료 고객관리 휘트니스 센터 회원관리	연회 판촉 연회 행사 외부업체 관리	GRO	
3수준		체크 인 체크 아웃 객실 예약접수 하우스키핑정비	식음료 업장관리 델리숍 관리 휘트니스센터 운영	연회 예약 상담 연회 기획 연회 행사 준비 웨딩 출장 연회 연회 행사 정산 연회 행사 사후관리	고객서비스센터 비즈니스센터 귀빈층 라운지 컨시어지	마케팅(이론) 호텔경영(이론)
2수준		호텔 세탁물관리	호텔 레스토랑 서비스 호텔 음료 서비스	연회 행사 진행	벨 데스크 도어 데스크 발렛	호텔객실관리(실습)
-	직업기초능력					
수준 직종	숙박기획·개발	객실관리	부대시설관리	연회관리	접객서비스	비 NCS 교과 (이론, 실습)
	NCS교과(70%이상)					NCS이외교과(30%이하)

3.6 훈련과정 운영 로드맵

○ 양성훈련 훈련과정은 개발된 교과목을 훈련의 효율적인 진행을 고려하여 훈련 일정별로 배치

【 객실관리 양성과정 교과목 운영 로드맵 작성 예시 】

<교과별 작성예시>

교과 구분	차수(주/월/분기/학기)		
	1월차(100h)	2월차(100h)	3월차(100h)
NCS 소양교과(직업기초능력)	의사소통능력(15)	대인관계능력(15)	-
비 NCS 교과(이론)	마케팅 개론(25) 호텔 경영(10)	호텔경영(10)	-
NCS 전공교과	호텔 세탁물 관리(20) 하우스키핑 정비(30)	객실 서비스(45) 고객 서비스(30)	객실 서비스(25) 고객 서비스(30)
비 NCS 교과(실습)			호텔 객실관리(45)

<학기별 작성예시>

구분	1학기	2학기
소양교과	의사소통능력(5H), 수리능력(5H), 정보능력(5H), 자원관리능력(5H)	문제해결능력(5H), 조직이해능력(5H), 대인관계능력(5H), 기술능력(5H), 직업윤리(5H), 자기개발능력(5H)
비 NCS 교과(이론)	호텔경영(20H), 관광정보(30H), 마케팅(25H)	
NCS전공교과	객실예약접수(20H), 하우스키핑서비스(30H)	객실수납 및 매출관리(35H), 재실고객관리(15H), 체크인아웃(20H)
비 NCS 교과(실습)		호텔객실관리(45H)

○ 향상훈련과정은 별도의 운영로드맵을 작성할 필요가 없으나, 산업단체 등에서 장기간에 걸쳐 2개 이상의 교과목(능력단위)을 훈련하는 경우에는 기업체 인력 육성체계를 토대로 작성

3.7 수준별 훈련과정 편성

3.7.1. 수준별 훈련과정 편성방법

○ (신규 구직자 과정의 설계수준)해당직종에 대한 학습경험이나 직무수행 경력이 없는 구직자 과정은,
  - 직종별로 목표수준부터 그 이하의 훈련과정/과목(능력단위)을 반영
  - 설계한 직종 이외의 관련 직종에서 훈련과정/과목(능력단위)을 선택하고자 하는 경우에도, 전공직종의 목표 수준부터 그 이하의 훈련과정/과목을 반영

【 수준별 훈련과정 편성 】

상위수준	5수준 수준이상	
목표수준	4수준	
하위수준	3수준	
	2수준	
	1수준	
구 분	수 준	NCS 전공교과

※ 수준별 훈련계획(시간)은 훈련생의 수준 및 훈련기준에 정해진 능력단위별 훈련시간을 고려하여 설정해야 함.
※ 기업체의 요구, 인력양성 목표, 훈련대상자에 선수능력 등을 제시한 경우, 목표수준의 상위 수준 능력단위를 활용하여 훈련과정 편성 가능

○ (재직자 또는 학습 유경험 구직자 수준)해당직종에 대한 학습경험이나 직무수행 경력이 있는 재직자 또는 구직자 과정은,
  - 훈련과정의 목표수준을 훈련대상자의 직무-학습경험을 파악하여, 특정한 목표수준의 과정/과목(능력단위)을 선택하여 편성
    ※ 전직 등 기업의 수요에 따라 필요한 경우 4수준 이하의 훈련과정 편성 및 목표수준의 상·하위수준 능력단위를 활용하여 훈련과정 편성 가능
  - 2개 이상의 과정/과목(능력단위)을 선택하여 훈련과정을 편성하는 경우에는 동일 수준의 과정/과목(능력단위)을 선택

3.7.2. 수준별 훈련과정 편성·운영 시 고려사항

○ 원활한 훈련 진행과 훈련목표 달성을 위해 훈련 대상자의 학습수준을 동일한 수준으로 그룹화

- 훈련생 모집시 훈련과정의 수준을 정확하게 제시하고, 선수학습(현재까지 받은 학습내용)과 직무경험에 관한 사항을 제시
- 훈련대상자에게 사전학습 정도를 충분하게 인식할 수 있도록 NCS의 직능수준과 경력개발경로모형 또는 훈련이수체계도를 함께 제시

○ 훈련생의 학습능력을 고려하지 않고 수준을 지나치게 높게 설정하면, 훈련생 대다수가 훈련목표수준에 도달하지 못하게 되어 훈련의 품질은 저하
- 고(高) 수준 훈련과정은 훈련과정 심사기관(공단)에서 전문가 검증 추진

○ 훈련대상자를 특정할 수 없음에 따라 다양한 훈련생이 참여한 경우에는 훈련생의 학습능력별로 그룹을 구분하여 훈련실시

○ 훈련기준에서 선택한 과정/과목(능력단위)은 100% 훈련과정에 반영
- 능력단위요소 및 수행준거의 일부만 활용하는 경우 NCS미반영으로 판단

【 4수준(신규 구직자과정) 편성 예시 】

객실관리 직종(훈련이수체계도)

수준 \ 직종	숙박기획·개발	객실관리	부대시설관리	연회관리	접객서비스
6수준	호텔 기획전략 호텔 프로젝트				
5수준	호텔 인적자원관리 호텔 교육 호텔 관리회계 호텔 마케팅 호텔 홍보	객실 매출관리	부대업장 손익 관리 식음료 메뉴기획 식음료 직원관리		당직
4수준	호텔 총무 호텔 영업회계 호텔 구매 호텔 판촉	객실 수납 객실 일일 마감 재실고객관리 하우스키핑관리	식음료 고객관리 휘트니스 센터 회원관리	연회 판촉 연회 행사 외부업체 관리	GRO
3수준		체크 인 체크 아웃 객실 예약접수 하우스키핑정비	식음료 업장관리 델리숍 관리 휘트니스센터 운영	연회 예약 상담 연회 기획 연회 행사 준비 웨딩 출장 연회 연회 행사 정산 연회 행사 사후 관리	고객서비스센터 비즈니스센터 귀빈층 라운지 컨시어지
2수준		호텔 세탁물관리	호텔 레스토랑 서비스 호텔 음료 서비스	연회 행사 진행	벨 데스크 도어 데스크 발렛
-	직업기초능력				

📖 객실관리 직종의 훈련기준에서 제시한 음영부분의 능력단위를 기준으로 과정/과목을 편성하고, 이외 유사(타) 직종의 능력단위에서 훈련과정에 추가 편성하려는 경우 동일 수준의 능력단위를 추가

- 음영부분은 필수과정, 비음영(식음료고객관리, 호텔 음료 서비스 등)부분은 훈련기간(시간)에 따라 유사직종의 능력단위 반영
- (훈련대상자) 숙박시설 객실관리지로서 구직을 희망하는 사람으로서, 숙박시설기획·개발, 부대시설관리, 연회관리, 접객서비스 직종의 음영색 부분내용을 학습할 수 있어야 하며, 구직 이후에 경력을 쌓은 후에 진로는 5수준과 6수준에 제시된 능력을 함양하며, 숙박서비스 전문가로 성장함을 안내

【 5수준(재직자과정) 편성 예시 】

객실관리 직종(훈련이수체계도)

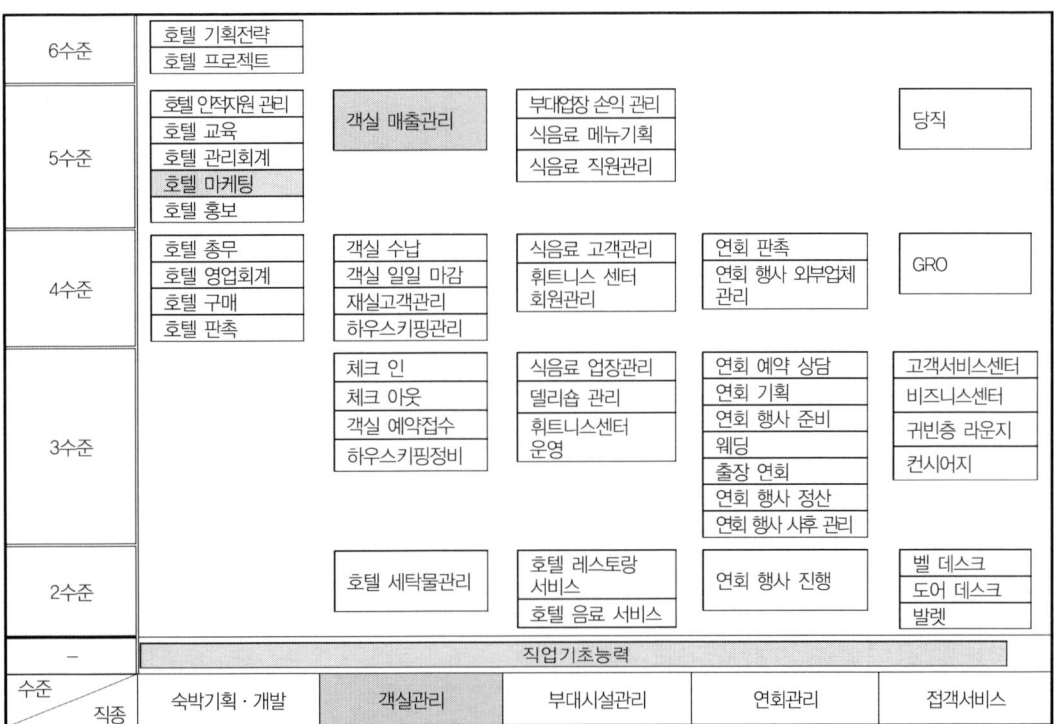

📖 (훈련과정편성) 객실관리 NCS기반 훈련기준의 훈련이수체계도에서 5수준에 해당하는 훈련과정/과목을 선택하여 훈련과정을 편성

- 음영부분은 필수과정, 비음영(당직, 식음료 메뉴기획 등) 부분은 훈련기간(시간)에 따라 유사직종의 능력단위 반영
- (훈련대상자) 객실관리 종사자로서 "객실예약관리, 재실고객관리"등 5수준 이하의 능력단위에 대해 직무경험, 학습경험, 관련자격 소지자를 대상으로 하는 훈련과정

4. 훈련과정 개발

◇ 훈련과정 요구분석을 통해 훈련교과목 도출 등 훈련과정 편성에 대한 개발안이 마련되면, 이를 토대로 훈련운영계획서(교·강사)와 학습안내서(훈련생)를 작성함

※ 이 단원에서는 공통적으로 활용 가능한 서식을 기준으로 작성방법을 설명하였으며, 훈련사업별로 제시된 특별한 형식이 있는 경우에는 해당 형식에 맞게 작성

4.1 훈련운영계획서

4.1.1 훈련과정개요 작성방법

◈ 예시

훈 련 과 정 개 요

1. 훈련과정명 : 객실관리 양성과정
2. 훈련기간(시간) : 3월 (300시간)
3. 훈련수준 : 3수준
4. 훈련대상자 : 객실관리분야 신규 구직자(직업기초능력 중 어학능력 및 대인관계)
5. 훈련목표 : 고객이 편안하고 안락한 투숙을 위해, 예약접수, 체크 인/아웃 업무, 하우스키핑, 호텔 세탁물관리 등을 통해 최상의 객실상품을 창출 할수 있다.
6. 훈련교과편성 총괄표

가. NCS 소양 교과 : 직업기초능력(30시간)

교과목명	하위영역	훈련시간
의사소통능력	업무를 수행함에 있어 글과 말을 읽고 들음으로써 다른 사람이 뜻한 바를 파악하고, 자기가 뜻한 바를 글과 말을 통해 정확하게 쓰거나 말하는 능력	15
대인관계능력	업무를 수행하는데 있어 접촉하게 되는 사람들과 문제를 일으키지 않고 원만하게 지내는 능력	15

나. 비 NCS 교과(이론) : 45시간

교과목명	주요구성내용	훈련시간
호텔 경영	1. 객실관리의 개요	10
	2. 호텔 시설관리 안전관리	10
마케팅 개론	1. 마케팅 기초	10
	2. 고객 유치 마케팅 방법론	15

다. NCS 전공 교과 : 180시간

교과목명	능력단위 분류번호 / 능력단위명	훈련시간
객실 서비스	1203020201_13v1 객실 예약접수	30
	1203020202_13v1 체크 인(Check In)	20
	1203020206_13v1 체크 아웃(Check out)	20
고객 서비스	1203020508_13v1 고객 서비스 센터	30
	1203020507_13v1 비즈니스 센터	30
하우스 키핑 정비	1203020208_13v1 하우스키핑 정비	30
호텔 세탁물 관리	1203020210_13v1 호텔 세탁물 관리	20

라. 비 NCS 교과(실습) : 45시간

교과목명	주요구성내용	훈련시간
호텔 객실관리	침구류 세팅	20
	객실 정리 정돈	25

7. 훈련이수체계도

수준	숙박기획·개발	객실관리	부대시설관리	연회관리	접객서비스	비 NCS 교과 (이론, 실습)
6수준		호텔 기획전략 호텔 프로젝트				
5수준	호텔 인적자원 관리 호텔 교육 호텔 관리회계 호텔 마케팅 호텔 홍보	객실 매출관리	부대업장 손익 관리 식음료 메뉴기획 식음료 직원관리		당직	
4수준	호텔 총무 호텔 영업회계 호텔 구매 호텔 판촉	객실 수납 객실 일일 마감 재실고객관리 하우스키핑관리	식음료 고객관리 휘트니스 센터 회원관리	연회 판촉 연회 행사 외부업체 관리	GRO	
3수준		체크 인 체크 아웃 객실 예약접수 하우스키핑정비	식음료 업장관리 델리숍 관리 휘트니스센터 운영	연회 예약 상담 연회 기획 연회 행사 준비 웨딩 출장 연회 연회 행사 정산 연회행사사후관리	고객서비스센터 비즈니스센터 귀빈층 라운지 컨시어지	마케팅(이론) 호텔경영(이론)
2수준		호텔 세탁물관리	호텔 레스토랑 서비스 호텔 음료 서비스	연회 행사 진행	벨 데스크 도어 데스크 발렛	호텔객실관리 (실습)
−	직업기초능력					
직종	NCS교과(70%이상)					NCS이외교과(30%이하)

8. 훈련과정 교과목 운영로드맵

교과 구분	차수(주/월/분기/학기)		
	1월차(100h)	2월차(100h)	3월차(100h)
NCS 소양교과(직업기초능력)	의사소통능력(15)	대인관계능력(15)	-
비 NCS 교과(이론)	마케팅 개론(25) 호텔 경영(10)	호텔경영(10)	-
NCS 전공교과	호텔 세탁물 관리(20) 하우스키핑 정비(30)	객실 서비스(45) 고객 서비스(30)	객실 서비스(25) 고객 서비스(30)
비 NCS 교과(실습)			호텔 객실관리(45)

※ NCS 소양 및 전공 교과는 전체 과정(시간)의 70%이상(이때 NCS 소양교과는 10% 이내)으로 편성, 비 NCS 교과는 전체 과정(시간)의 30% 이하로 편성

① 훈련과정명은 결정된 훈련과정명으로 표지와 동일한 과정명 작성

② 훈련기간(시간)은 훈련에 소요되는 전체기간과 시간을 제시

③ 훈련수준은 편성한 훈련과정/과목(능력단위)의 목표 수준으로 제시

④ 훈련대상자는 훈련과정을 원활하게 수강하는데 요구되는 훈련대상자의 선수능력을 제시하는 것으로,

 - 최 하위수준부터 훈련을 실시하는 경우 선수능력을 제시하지 않고,

 - 하위수준 일부를 제외하고 훈련과정을 편성하는 경우에는 제외된 수준의 능력단위에 대한 선수능력을 제시되어야 함

⑤ 훈련목표는 NCS기반 훈련기준의 직종정의 등을 토대로 훈련을 통해 훈련생들이 도달하도록 할 성취목표를 기술

⑥ 훈련과정 총괄표는 NCS 소양교과(직업기초능력) 및 NCS 전공교과, 비 NCS 교과(이론 및 실습)로 구분하여 제시

 - NCS 전공교과는 실습의 형태로 NCS기반 훈련기준에서 제시한 과정/과목을 중심으로 편성하되, 훈련과정 개발시 교과목으로 선정한 내용을 토대로 제시

 - 비 NCS 교과는 훈련기관 인근 지역기업 등의 수요가 있으나, NCS기반 훈련기준에서 제시되지 않은 이론, 실습관련 사항을 반영하고자 할 경우 제시

- NCS 소양 및 전공교과는 전체 과정(시간)의 70%이상으로 편성하고, 비 NCS 교과(이론/실습)는 전체 과정(시간)의 30% 이하로 편성

    ※ NCS 소양교과는 NCS 소양 및 전공교과 훈련과정(시간)의 10% 이내로 편성

[하위수준 전체를 포함한 훈련과정]	[하위수준 일부를 제외한 훈련과정]
3. 훈련수준 : 3수준 4. 훈련대상자 : 객실관리 양성과정 신규 구직자(특별한 선수 능력 없음)	3. 훈련수준 : 3수준 4. 훈련대상자 : 객실관리과정에 입직을 희망하는 자로서 "호텔 세탁물관리"와 관련한 교육훈련을 이수했거나, 관련자격 취득 또는 업무수행 경력이 있는 자
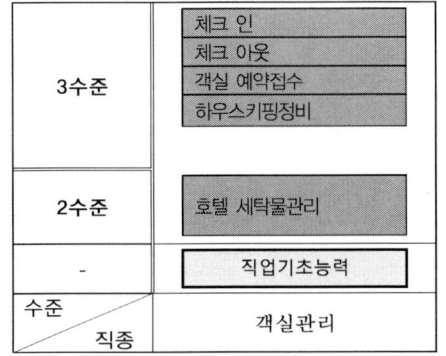	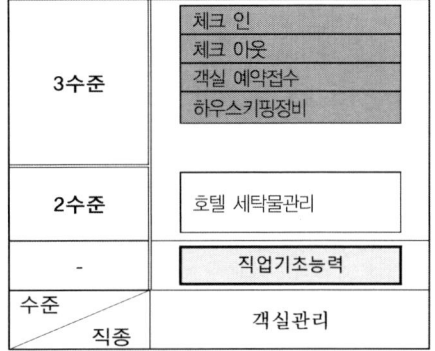

* 음영 부분이 해당 훈련과정에 편성된 능력단위

⑦ 훈련이수체계도는 NCS기반 훈련기준의 "훈련이수체계"를 토대로 제시하되, 타 분야 훈련직종에서 과정/과목(능력단위)을 선택한 경우에는 이를 포함하고, 비 NCS 교과(이론, 실습)를 훈련교과로 편성하고자 하는 경우에는 이를 반영하여 제시

- 훈련과정에 교과목으로 편성하는 능력단위 모두를 음영으로 표시
- 양성·향상훈련과정의 상·하위 능력단위 사용은 매뉴얼 p35, p49의 정함에 따름

⑧ 훈련과정 운영로드맵은 훈련과정개발 단계에서 훈련과목을 훈련 단계별(순서별)로 훈련할 순서를 제시

4.1.2. 교과목별 교수계획서 작성방법

◎ 예 시

교과목별 교수계획서

교과목명		학 과 장	교학팀장
객실 서비스			
대상 직종	교과 구분	훈련시간	교수성명
객실관리	NCS 전공교과	70	-

1. 지도목표	2. 훈련교재
고객의 편안한 투숙을 위해 체크인, 체크아웃에 대한 전반적인 안내와 객실 및 부대시설 이용정보 파악, 예약현황 및 고객이력 확인, 예약관련 자료작성 및 변경을 처리하는 능력을 갖출 수 있다.	• 객실 예약접수 모듈교재 • 체크인 모듈교재 • 체크 아웃 모듈 교재

3. 주요 교수계획

연번	능력단위분류번호 능력단위	훈련시간	능력단위요소	훈련시간	훈련시설	비고
1	1203020201_13v1 객실 예약접수	30	객실 및 부대시설 이용정보 파악하기	6	강의실	
			예약현황 파악하기	6	강의실	
			고객이력과 기호 확인하기	6	강의실	
			예약관련자료 작성하기	6	컴퓨터실	
			예약변경하기	6	컴퓨터실	
2	1203020202_13v1 체크인(Check-In)	20	체크인 준비하기	2	객실실습실	
			고객 응대하기	4	객실실습실	
			등록카드 작성하기	4	객실실습실	
			객실 키발급 및 정보 제공하기	4	객실실습실	
			고객정보 등록하기	4	객실실습실	
			단체 체크인 하기	2	객실실습실	
3	1203020206_13v1 체크아웃(Check-Out)	20	~~~~~	20	객실실습실	

① 지도목표는 교과목에 반영된 NCS의 능력단위를 활용하여 제시
② 훈련교재는 교과목에 반영된 NCS의 능력단위와 관련된 교재를 제시
   - 훈련교재는 NCS기반 모듈형교재가 보급된 것은 이를 우선하여 제시하고, 보급되지 않은 경우 현재 활용중인 교재 중 관련성이 높은 것을 제시
③ 주요 교수계획은 교과목에 반영된 NCS의 능력단위 모두를 능력단위 분류번호와 함께 기재하고, 능력단위요소별 훈련시간 및 훈련시설도 함께 기재

4.1.2. 교과목별 세부훈련 계획서 작성방법

예시

4. 세부훈련계획

세부 지도목표①
가. 객실 및 부대시설 이용정보 파악, 예약현황 및 고객이력 확인, 예약관련 자료작성 및 변경을 처리하는 능력을 함양 할 수 있다.
나. 고객의 편안한 투숙을 위해 체크 인 준비, 고객 응대, 등록카드 작성 및 객실 정보 안내를 제공하며 고객정보 등록 및 단체 체크 인을 수행하는 능력을 함양 할 수 있다.
다. 투숙객 정보 확인하기, 추가 사용 내역(Bill) 확인하기, 최종 내역 확인과 계산하기를 통해 최종 정산을 하며 따뜻한 환송 인사와 함께 재방문을 유도하는 능력을 함양할 수 있다.

지도내용②		
가. 객실 예약접수 • 객실 및 부대시설 이용정보 파악하기 • 예약현황 파악하기 • 고객이력과 기호 확인하기 • 예약관련자료 작성하기 • 예약변경하기	나. 체크인 • 체크인 준비하기 • 고객 응대하기 • 등록카드 작성하기 • 객실 키발급 및 정보 제공하기 • 고객정보 등록하기 • 단체 체크인 하기	다. 체크아웃 • 투숙객 정보 확인하기 • 추가 사용내역 확인하기 • 최종내역 계산하기

교수학습방법③
가. 강의 및 시연   객실 예약접수시 객실 및 부대시설 이용정보, 예약현황 파악, 고객이력과 기호 확인, 예약관련 자료 작성, 예약 변경하는 방법에 대해서 설명하고, 각각의 예를 들어 학습자들에게 보여준다. 나. 조별실습

객실 예약접수시 몇가지 상황(호텔에서 일어나는 예)을 제시하여 조별 토의하고 결과물을 도출하게 한다.
다. 프리젠테이션 및 질의응답
  조별로 논의된 결과물에 대해서 발표를 시키고, 학습자들간에 의견을 상호 교환 하도록 한다

평가방법④

가. 평가시점 : 예) 교육중 질의응답시, 중간고사 시, 교과목 수업 종료시

나. 평가내용
- 호텔 운영 프로그램에 대한 지식(Fidelio, Opera 등)
  (중간 생략)
- 객실 업셀링 능력
- 고객정보 검색 능력 및 활용 기술
- 객실 배정 능력
- 객실 키 발행 기술

다. 평가방법
(과정평가) : 문답법, 평가자 체크리스트
(결과평가) : 서술형 시험, 구두발표

장비 및 공구⑤

훈련기준 장비	훈련기관 보유장비

장 비 명	단 위	활용구분 (공용/전용)	1대당 활용인원
• 컴퓨터	대	공용	1
• PMS 시스템(데모버전)	세트	공용	1
• 전화기	대	공용	5
• 빔 프로젝트	대	공용	-
• 프린터	대	공용	-

※ 장비는 주장비만 제시한 것으로 그 외의 장비와 공구는 별도로 확보

○ 컴퓨터 : 20대
○ PMS : 20세트
○ 전화기 : 4대

① 세부지도목표는 NCS기반 훈련기준의 과정/과목별 훈련목표를 활용하여 제시

② 지도내용은 훈련교과목에 반영된 NCS기반 훈련기준의 과정/과목명과 단원명을 활용하여 기술

③ 교수학습방법은 NCS기반 훈련기준에서 제시하는 전반적인 사항을 고려하여 핵심적인 훈련생 지도내용을 중심으로 작성(훈련과정 개발시 작성한 교과목 Profile 참조)

- 이론강의, 개인별 실습, 조별 실습 등의 교수학습방법을 포함하여 제시

④ 평가방법은 NCS기반 훈련기준에서 제시하는 평가방법을 활용하되 평가 시점(중간, 기말 등)과 함께 평가방법을 제시

- 평가방법으로는 포트폴리오, 문제해결시나리오, 서술형시험, 논술형시험, 사례연구, 평가자 질문, 평가자 체크리스트(수행평가서), 피평가자 체크리스트(자기평가서), 일지/저널, 역할연기, 구두발표, 작업장평가 등 NCS에서 제시하는 권장 평가방법을 참조하여 효과적이고 효율적인 평가방법 제시

- 평가문항의 개발이 필요한 경우에는 관련 자격 검정 등에서 제시되는 시험문제 등을 참고하여 적정한 문항을 별도로 개발하여 보관

⑤ 훈련장비 및 공구는 교과목별로 NCS기반에서 제시한 훈련기준 장비 및 훈련기관에서 보유한 훈련 장비 제시

4.1.4 수행평가서 작성방법

> **예시**

5 교과목별 수행평가

학습자명(○ 반, ○ 번)	평가자명(교수자)	평가일시②
		1차 : 201 년 월 일
교과목명 :	분류번호(능력단위명)①	2차 : 201 년 월 일
		3차 : 201 년 월 일

평가방법③ : 본 평가는 단계별 자기평가의 학습과정이 완료된 학습자에 대하여 평가를 합니다. 학습을 위한 준비에서부터 실습의 완료 후 동작확인까지 아래사항의 수행기준에 근거하여 학습자를 평가하여야 합니다. (본 능력단위의 평가방법 등을 안내하여 학습자로 하여금 학습준비를 할 수 있도록 함)	전체평가④ *(고정내용으로서 임의 변경 불가)*		
	성취 수준	수행정도	
		5. 해당 지식과 기술을 확실하게 습득하여 직무수행에 필요한 기술적 사고력과 문제 해결력을 토대로 주도적으로 완벽한 작업을 수행할 수 있다.	
		4. 해당 지식과 기술을 습득하여 직무수행에 필요한 기술적 사고력과 문제 해결력을 토대로 작업을 수행할 수 있다.	
		3. 해당 지식과 기술을 대부분 습득하여 직무수행에 필요한 지식과 기술을 가지고 대부분의 작업을 수행할 수 있다.	
		2. 해당 지식과 기술을 부분적으로 습득하여 직무수행에 필요한 지식과 기술을 가지고 타인과 공동으로 작업을 수행할 수 있다.	
		1. 해당 지식과 기술을 습득하는데 부족함이 있어 타인의 도움을 받아야만 작업을 수행할 수 있다.	
	평가자는 학습자의 달성정도를 성취수준에 표시한다.			

평가영역 (단원명)	수 행 준 거⑤	예	아니오
1208020201_13v1.1 객실 및 부대시설 이용정보 파악하기	1.1 호텔의 객실 유형(위치, 평수, 객실 타입 등)에 따라 객실 및 부대시설 정보를 구분하여 파악할수 있다.		
	1.2 객실 요금 종류(공표요금, 특별요금, 계약요금 등)에 따라 마케별 요금을 구분하여 적용할수 있다.		
	1.3 객실 판매 촉진 전략에 따라 패키지나 프로모션 상품을 파악하여 상담 및 판매할수 있다.		
	1.4. 부대시설의 종류와 이용안내를 위해 호텔 정보를 파악할 수 있다.		

<교과목별 수행평가>
① 능력단위명은 NCS의 능력단위 분류번호와 함께 기록
② 평가일시는 학습자가 평가를 실시한 일자 기록
- 1차에 성취수준에 도달하지 못했다면 'x' 표시를 하고, 학습자가 2차 평가에 성취수준에 도달했으면 'o'표시
③ 평가방법은 학습자가 수행평가 시 받게 될 평가방법과 사항들을 제시
④ 전체평가는 성취수준과 수행정도를 기록, 평가시 교수자는 학습자가 달성한 정도 앞에(√)표시
⑤ 수행준거
- 학습자 또는 작업자와 같은 주어로서 수행 준거들을 시작한다.
- 수행준거를 근거로 서술
- 관찰 가능한 항목만을 포함
- 단순히 행동만을 제시하는 것이 아니라, 판단할 가치 항목 포함
- 작품, 과정, 안전사항을 포함한 작업자의 구체적인 행동을 평가
- 수행평가는 학습안내서에서 제시된 능력에 대해서만 평가
⑥ 성취수준
- 모든 항목은 『예』 또는 『아니오』로 표시하며, 수행평가에 있는 모든 항목들이 『예』로 표시(확인)되어야 능력단위를 이수한 것으로 간주
- 성취수준 확인은 학습자의 수행정도 척도에 따라 교수자가 평가

4.1.5 훈련생별 종합 수행평가 작성방법

예시

종합 수행평가서

훈련과정명	훈련기간	학습자명	최종확인자(지도교사)

교과목명	분류번호 능력단위명	평가자명	최종평가일시	평가결과

<훈련과정 종합 수행평가서>
○ 훈련과정에 수강한 학습자별로 교과별 수행평가 결과를 지도교사가 종합제시

4.2 학습안내서

4.2.1. 학습안내서 작성방법

✎ 예시

객실 서비스① 학습안내

<교과목 구성 능력단위>

능력단위 분류번호	능력단위명	훈련시간
1203020201_13v1	객실 예약접수	30
1203020202_13v1	체크 인(Check In)	20
1203020206_13v1	체크 아웃(Check out)	20

1203020201_13v1 객실 예약접수②

1. 학습개요

훈련시간③	30시간	담당교사	홍길동
훈련개요④	객실 서비스에서 중요한 능력으로, 호텔에 투숙하고자 하는 손님에게 객실 및 부대시설 이용정보를 정확히 파악하여 전달하고, 예약현황 및 고객이력 확인하며, 예약관련 자료 작성 및 변경을 처리하는 방법에 대해서 학습할 수 있다.		
훈련목표⑤	객실 및 부대시설 이용정보 파악, 예약현황 및 고객이력 확인, 예약관련 자료작성 및 변경을 처리하는 방법을 학습할 수 있다.		

단원명	단원별 학습목표⑥
1203020201_13v1.1 객실 및 부대시설 이용정보 파악하기	1.1 호텔의 객실 유형(위치, 평수, 객실 타입 등)에 따라 객실 및 부대시설 정보를 구분하여 파악할 수 있다. 1.2 객실 요금 종류(공표요금, 특별요금, 계약요금 등)에 따라 마켓별 요금을 구분하여 적용할 수 있다. ~~~~~~~
1203020201_13v1.2 예약현황 파악하기	2.1 호텔 예약 시스템을 기반으로 예약 가능한 객실현황을 파악할 수 있다. 2.2 당일 점유율에 따라 적정 객실요금 BAR(Best Available Rate)를 제시할 수 있다. ~~~~~~~~~
~~	3.1 ~~~~~
선수능력⑦ (필요한경우)	해당없음
작성일⑧	2014년 10월 6일

① 교과목명 : 훈련과정으로 편성한 교과목명을 상단에 기록
② 능력단위 분류번호 및 능력단위명 : 훈련과정의 훈련과목을 구성하는 NCS 능력단위명을 기록
③ 훈련시간 : NCS기반 훈련기준의 과정/과목(능력단위)의 총 이수 학습시간을 기록
④ 훈련개요
 - 학습안내의 간단한 내용요약으로 학습자가 배워야 할 내용과 중요성, 이미 학습한 내용과의 연계성을 고려하여 서술(100자 이내)
 - 안내서의 내용을 정확하게 반영할 수 있도록 지침 작성
⑤ 훈련목표
 - 수행준거와 관련된 사항, 요구되는 수행사항들을 환경을 포함하여 작성
 - NCS기반 훈련기준의 과정/과목(능력단위) 정의 내용을 참고로 작성
 - NCS기반 훈련기준의 과정/과목(능력단위) 정의를 수행목표로 전환시 조건과 기준을 첨가하여 '~을(를) 할 수 있다'라는 행동목표로 작성
⑥ 단원별 학습목표
 - 학습효과를 증대하기 위해 수행목표를 세부적으로 제공
 - NCS기반 훈련기준의 단원(능력단위요소)의 내용을 참조하여 수행목표와 같은 방법으로 작성
⑦ 선수능력
 - 학습자가 학습안내서를 수행하기 전에 필수적으로 요구되는 선수학습내용 서술
 - 표준에 제시된 능력단위를 기재하되 능력단위가 없는 경우 관련된 내용을 기술하거나, "해당 없음"으로 기재
⑧ 작성일 : 개발 또는 수정·보완한 날짜 기입

4.2.2 학습활동 서술 방법

예시

학습활동	특기사항
1. 방문한 호텔 손님에 대하여 예약확인, 체크인, 객실 안내까지 절차를 조별로 토의하고, 조별 토의된 자료를 발표하시오 - 조별 구성은 5명씩 구성하고, 조원별로 역할 분담을 하시오	안전준수사항 과제 제출기한 발표방법 시험일자 실습실 개방시간

① 학습활동
- 난이도에 따라 쉬운 것부터 점점 어려운 것으로 작성
- 학습자가 성취하기를 바라는 수행요소들과 학습해야 할 사항들을 제시
- 단원별 목표에 제시된 내용 순으로 학습활동 내용을 작성
- 학습할 순서를 순차적으로 제공하여 정리
- 행동동사를 사용하여 각각의 활동을 서술
  예) 읽는다, 참고한다, 푼다, 체크한다, 청취한다, 계획한다, 실행한다 등
- 학습자가 이해하기 쉽도록 직접적으로 서술
- "~을(를) 읽고 이해하시오", "~을(를) 읽으시오" 또는 "~을(를) 읽고 다음 작업을 수행하시오"등의 형식으로 서술
- 학습활동 내용을 참고하기 위한 페이지 숫자나 제목 사용(예 : "한국산업인력공단, 금형제작, p.25~p.28". "한국산업인력공단, 금형제작, 도면기호이해" 등)
- 학습활동 내용을 읽은 후에 안내서에서 자기평가서를 활용하여 자기 수준을 사전 진단
- 보고서를 제출하는 항목의 작성(자가 학습 부여문제)은 교수자 재량으로 작성
  ☞ 해당 능력단위에서 교수자의 재량에 따라 포트폴리오(예 : 작품집)평가 가능

② 특기사항
- 학습자가 학습활동을 이수하기 위해 도움을 줄 수 있는 방법을 제공하는 것으로 안전예방책, 필요 재료, 부가 설명 또는 필요 자원 획득방법, 위험요소 등을 제시

4.2.3 학습자료 작성방법

학 습 자 료

보조자료[①]	• 호텔 가격표 • 호텔별 체크인 절차 • 호텔별 체크아웃 절차 등
사용장비 및 공구[②]	• 컴퓨터 • PMS • 프린터 및 복사기 • ~~~~~~~~
소요재료[③]	-
관련지식 · 기술 · 태도[④]	• 객실 요금제도 • 패키지나 프로모션 상품 특성 • 부대시설 관련 정보 • 관광 쇼핑 관련 주변 정보 • 객실 상품의 종류 및 요 • ~~~~~~
훈련교재[⑤]	• 객실 예약관리 학습모듈 • 체크 인 학습모듈 • 체크 아웃 학습모듈

① 보조자료
  - 능력단위의 작업상황을 참고하여 작성하고 인터넷상의 주소 등을 구체적으로 안내
② 사용장비 및 공구
  - 능력단위의 작업상황을 참고로 세부수행목표 순서별로 주요장비 및 공구 제시
③ 소요재료
  - 능력단위의 작업상황을 참고로 세부내용을 작성하고 진행단계 순으로 작성
  - 능력단위의 훈련에 필요한 모든 소요재료 제시
④ 관련 지식·기술·태도
  - NCS기반 훈련기준의 능력단위별 관련 지식, 기술, 태도를 참고하여 작성
⑤ 훈련교재(학습모듈 등)
  - www.ncs.go.kr 사이트 참고

  ※ 훈련교재는 교육부 학습모듈, 한국산업인력공단에서 개발한 HRD Book, 능력단위 교재 등이 있음(교육부 학습모듈이 개발된 경우 이를 우선 활용)

4.2.4 자기평가서 작성방법

✎ 예시

자 기 평 가 서

평가영역① (단원명)	문항②	미흡 하다	보통 이다	우수 하다
1. 객실 및 부대시설 이용정보 파악하기	1.1 나는 호텔의 객실 유형(위치, 평수, 객실 타입 등)에 따라 객실 및 부대시설 정보를 구분하여 파악할 수 있다.	①	②	③
	1.2 나는 객실 요금 종류(공표요금, 특별요금, 계약요금 등)에 따라 마켓별 요금을 구분하여 적용할 수 있다.	①	②	③
	~~			
2. 예약현황 파악하기	2.1 나는 호텔 예약 시스템을 기반으로 예약 가능한 객실 현황을 파악할 수 있다.	①	②	③
	2.2 나는 당일 점유율에 따라 적정 객실요금 BAR(Best Available Rate)를 제시할 수 있다.	①	②	③
	2.3 나는 객실 예약 초과 상황 발생 시 예약 처리 규정에 따라 객실 종류를 조정할 수 있다.	①	②	③
	2.4 나는 ~~~~~할 수 있다.	①	②	③

① 평가영역 : 해당 능력단위의 능력단위요소명을 기입
② 문항
  - 각 능력단위요소에 속하는 직무능력표준의 수행준거를 활용하여 기입
  - 학습자 스스로 자기평가를 위한 것으로 "나는 ~을 할 수 있다." 표현
  ※ 해당 능력단위요소의 수행준거 수에 맞도록 셀 분할하여 작성
③ 성취수준 : 평가문항에 따라 성취수준을 확인하는 것으로 각각의 문항별로 스스로 성취수준을 체크

성취수준	기준
미흡	수행불가
보통	타인의 도움을 받아 수행 가능
우수	자기주도적으로 완벽히 수행가능

※ 만약 특정항목이 『미흡하다』로 체크되었다면 취약한 분야에서 성취해야 할 필요 능력의 부가활동들을 결정하기 위해 교수자와 상담 필요

PART

직업능력개발
NCS훈련과정 신청

1. 통합심사 NCS훈련과정 신청방법
2. NCS 훈련과정 심사·신청서 작성방법

1. 통합심사 NCS훈련과정 신청방법

1.1 NCS기반 훈련기준 활용

○ 훈련사업별 "NCS기반 훈련기준" 대상 직종을 활용하여 훈련과정을 편성

 - NCS홈페이지(www.ncs.go.kr) 자료실→훈련기준(254직종+61직종)

  * 단, 61직종은 '14년도 심사에서만 활용(현재 개정 중으로 15년 공고 예정)

1.2 NCS기반 훈련과정 인정기준

○ NCS활용 훈련과정은 전체 훈련시간의 70%이상을 NCS기반 훈련기준의 과정/과목(능력단위)을 선택하여 편성한 훈련과정

 - 직업기초능력은 전체 훈련시간의 10%이하 편성시 NCS적용 시간으로 인정
 → 10%를 초과하여 직업기초능력을 편성한 경우에는 NCS적용 훈련시간에서 직업기초능력으로 편성한 훈련시간 전체 제외

 - NCS기반 훈련기준의 과정/과목(능력단위)은 변경·삭제·추가 없이 그대로 활용하는 것을 전제로 제시된 훈련시간의 50%이하 범위에서 증감 조정하여 훈련과정을 편성 → 일부 내용을 변경·삭제·추가하거나, 50%를 초과하여 훈련시간을 조정한 능력단위는 NCS적용 훈련시간에서 제외

○ NCS 훈련과정 편성지침 준수

 - 훈련과정 신청시 훈련과정 운영계획서를 제시한 방법에 따라 작성하여 첨부한 훈련과정 → "훈련운영계획서"를 첨부하지 않거나, 주요항목을 작성하지 않은

경우는 NCS적용 훈련과정으로 인정하지 않음(NCS 훈련과정으로 인정되지 않은 경우 당해 심사에서 탈락)

- NCS기반 훈련 교과목의 훈련장비는 해당 NCS기반 훈련기준 과정/과목(능력단위)별로 제시한 장비기준을 충족한 경우에만 인정

- 훈련시설은 훈련사업 통합심사 지침에 따름

2. NCS훈련과정 심사·신청서 작성방법

2.1 훈련과정 신청서 작성방법

훈련과정 신청서	설 명
직업능력개발훈련 훈련과정 심사 신청서 ☐ **신청훈련기관** ① 	훈련기관명		훈련기관코드	
대 표 자		전화번호	
소 재 지		팩 스	
훈련기관유형			| ☐ **신청훈련사업** ② | 주된 훈련대상	○ 실업자 ○ 근로자개인 ○ 사업주위탁 ○ 중소기업핵심직무
(실업자 클릭 할 경우) 국가기간전략산업직종 여부	○ 예 ○ 아니오
타부처통합사업	○ 해당없음 ○ 부처 리스트 중 1개 선택
(실업자 클릭 할 경우) 실업자 대상 과정으로 부적합된 경우 다른 훈련대상으로 활용하시겠습니까?	○ 예 ○ 아니오
('예' 클릭 할 경우) 2차 희망 훈련대상	○ 근로자개인 ○ 사업주위탁
기관구분	○ 우수기관 ○ 일반기관 ○ 신규기관 | ☐ **신청훈련과정** ③ | NCS 편성기준에 따라 적용되었습니까?	○ 예 ○ 아니오		① 신청훈련기관 - 훈련기관의 기본정보 입력 - 기관 유형 및 구분은 자동 입력 ※ 세부적인 입력방법은 훈련 통합신청 설명 참조 ② 신청훈련 사업 - 신청하고자 하는 훈련사업을 입력 ※ 세부적인 입력방법은 훈련 통합신청 설명 참조 ③ 신청훈련과정 - NCS 적용훈련과정 만 "예"를 체크 * NCS 70%활용 미만 등 "NCS기반 훈련과정 편성 지침"을 충족하지 못하는 경우는 "아니오"를 체크 ** NCS 훈련과정 인정기준에 충족하지 못하면 심사에서 제외됨을 주의

2.1 훈련운영계획서 작성

훈련운영계획서 서식	설 명
<표지> 작성일자 : **(과정명)** **훈련운영계획서** 〈훈련과정 국가직무능력표준 분류〉 | 대분류	중분류	소분류	세분류 | |---|---|---|---| | | | | | **(훈련기관명)** ※ 주의사항 : HRD-Net에 등록하는 신청서와 첨부하는 훈련운영계획서의 내용은 동일하여야 하며 양자가 상이함에 따른 불이익은 신청기관의 귀책사유로 함	○ 본 매뉴얼 "훈련과정 편성예시" 참조(P.91) ※ 훈련과정 국가직무능력표준 분류는 훈련과정에 반영한 세분류 전체를 기록 (NCS 기반 훈련기준 직종별 표지에 분류 제시)

훈련과정 신청서	설 명
<"예"(NCS 과정)라고 체크한 경우> □ **훈련과정개요** [표: 훈련과정개요]	① NCS 세분류명 - 훈련직종세분류는 NCS 기반 훈련기준의 직종 분류번호와 명을 기재하는 것으로, 가장 많이 활용하는 직종을 기재 ② KECO 세분류명 - 통합심사 설명자료에 따라 해당 세분류 작성 ③ 훈련목표 - 본 매뉴얼 훈련목표 작성방법 참조(P.54) ④ 훈련수준, 훈련대상자 요건 - 선행학습, 직무경력은 본 매뉴얼 수준별 훈련과정 편성 참조(p.49~51) ⑤ 관련 국가자격종목명 - 훈련과정과 관련한 국가기술자격 종목 또는 국가자격종목이 있는 경우작성 ⑥ 교과목명, 능력단위 - NCS소양교과의 NCS 능력단위는 "문제해결능력", "대인관계능력" 등 훈련과정에 편성하는 하위영역을 기록하고 시간입력 - NCS 전공교과는 본 매뉴얼 훈련운영계획서 작성방법 참조(p.52~55) ⑦ 교육훈련운영계획서 - 다음장의 설명에 따라 반드시 작성하여 첨부

훈련과정개요

훈련과정명					
NCS 세분류명①					
KECO 세분류명②					
훈련목표③	(200자 이내)				
훈련수준④	0 1~8레벨	관련국가자격 종목명⑤			
훈련대상자 요건④	선행학습	- 000, 000, 0000, 000의 NCS 능력단위와 관련한 교육훈련 이수자			
	직무경력	- 선행학습에서 제시한 NCS 능력단위와 관련하여 0년 이상 직무수행 경력자			
	자격종목	- 선행학습과 관련된 NCS 능력단위와 관련한 000자격종목 취득자			
교과구분	교과목명⑥	NCS 적용	NCS 능력단위⑥	훈련시간	주훈련강사
NCS 소양교과 (직업기초능력)	직업기초능력	■ 적용 □ 비적용		시간	
NCS 전공교과		■ 적용 □ 비적용		시간	
비NCS교과(이론)		□ 적용 ■ 비적용		시간	
비NCS교과(실기)		□ 적용 ■ 비적용		시간	
훈련일수/훈련개월수			일평균 훈련시간		
전체훈련시간		NCS 적용 훈련시간		NCS 적용비중	
교육훈련운영 계획서 (*첨부파일)⑦					
훈련비용	1인당 훈련비(수강료)		시간당단가		

NCS 73

NCS 기반훈련과정 편성 매뉴얼

훈련운영계획서 서식	설 명
<개요> 훈 련 과 정 개 요 1. 훈련과정명 : 2. 총 훈련기간(시간) : 3. 훈련수준 : 1~8 수준 4. 훈련대상자 : 5. 훈련목표 : 6. 훈련교과편성 총괄표 가. NCS 소양교과(직업기초능력) : 00시간 	영 역	하위영역	훈련 시간
---	---	---
의사소통능력	문서이해능력, 문서작성능력, 경청능력, 언어구사력, 기초 외국어 능력	
수리능력	기초연산능력, 기초통계능력, 도표분석능력, 도표작성능력	
문제해결능력	사고력, 문제처리능력	
자기개발능력	자아인식능력, 자기관리능력, 경력개발능력	
자원관리능력	시간관리능력, 예산관리능력, 물적자원관리능력, 인적자원관리능력	
대인관계능력	팀웍능력, 리더십능력, 갈등관리능력, 협상능력, 고객서비스능력	
정보능력	컴퓨터 활용능력, 정보처리능력	
기술능력	기술이해능력, 기술선택능력, 기술적용능력	
조직이해능력	국제감각, 조직 체제이해능력, 경영이해능력, 업무이해능력	

직업윤리	근로 윤리, 공동체 윤리	|
		
		   나. NCS 전공교과 : 00시간
			○ 본 매뉴얼 "훈련과정 편성예시" 참조
			   (P.92~93)

교과목명	능력단위 분류번호 / 능력단위명	훈련시간

다. 비 NCS 교과(이론) : 00시간

교과목명	주요구성내용(단원명)	훈련시간

라. 비 NCS 교과(실습) : 00시간

교과목명	주요구성내용(단원명)	훈련시간

7. 훈련이수체계도

수준				
5수준	능력단위명 / 능력단위명	능력단위명 / 능력단위명	능력단위명 / 능력단위명	
4수준	능력단위명 / 능력단위명	능력단위명 / 능력단위명	능력단위명 / 능력단위명	
3수준	능력단위명 / 능력단위명	능력단위명 / 능력단위명	능력단위명 / 능력단위명	
2수준	능력단위명 / 능력단위명	능력단위명 / 능력단위명	능력단위명 / 능력단위명	교과목명 / 교과목명
-	직업기초능력			
수준 / 직종	NCS교과(70%이상)			비NCS교과 (이론, 실습) (30%이하)

8. 훈련과정 교과목 운영 로드맵

교과 구분	차수(주/월/분기/학기)			
	1월차	2월차	3월차	4월차
NCS 소양교과(직업기초능력)				
NCS 전공교과				
비 NCS 교과(이론)				
비 NCS 교과(실습)				

훈련운영계획서 서식	설 명
<NCS 교과목 교수계획서> 교과목별 교수계획서(NCS 전공교과)	○ 본 매뉴얼 "훈련과정 편성예시" 참조 (P.94)

교과목명			
NCS 세분류	이론/실기 구분	교과목 훈련시간	주강사

1. 지도목표 | **2. 훈련교재**

3. 주요 교수계획

연번	능력단위분류번호 능력단위	훈련시간	능력단위요소명	훈련시간

4. 교수학습방법(해당란에 O표, 기타는 간략하게 작성)

이론강의	개인별실습	조별실습	기타(간략하게 작성)

5. 평가방법(해당란에 O표, 기타는 간략하게 작성)

필답형 시험	포트폴리오 (작품집)	사례 발표	체크리스트 (수행평가)	기타(간략하게 작성)

6. 훈련시설

시설명	면적(㎥)	시설명	면적(㎥)

7. 활용 훈련장비

장비명	모델명	수량	단위

훈련운영계획서 서식	설 명
<비NCS 교과목 교수계획서> **교과목별 교수계획서(비NCS 교과)** | 교과목명 | |---| | | | NCS 세분류 | 이론/실기 구분 | 교과목 훈련시간 | 주강사 | |---|---|---|---| | | | | | **1. 지도목표** ┃ **2. 훈련교재** ・ **3. 주요 교수계획** | 연번 | 주요구성내용 | 훈련시간 | 세부구성내용 | 훈련시간 | |---|---|---|---|---| **4. 교수학습방법**(해당란에 O표, 기타는 간략하게 작성) | 이론강의 | 개인별실습 | 조별실습 | 기타(간략하게 작성) | |---|---|---|---| **5. 평가방법**(해당란에 O표, 기타는 간략하게 작성) | 필답형시험 | 포트폴리오(작품집) | 사례발표 | 체크리스트(수행평가) | 기타(간략하게 작성) | |---|---|---|---|---| **6. 훈련시설** | 시설명 | 면 적(㎡) | 시설명 | 면적(㎡) | |---|---|---|---| **7. 활용 훈련장비** | 장비명 | 모델명 | 수량 | 단위 | |---|---|---|---|	○ 본 매뉴얼 "훈련과정 편성예시" 참조하여 자체 작성

PART

별첨

<별첨 1> 훈련과정 편성 형식
<별첨 2> 훈련과정 편성 Q&A
<별첨 3> NCS기반 훈련기준 개발 현황

〈별첨 1〉

훈련과정 편성 형식

개발일자 :

(과정명)
훈련운영계획서

훈련과정 국가직무능력표준 분류

대분류	중분류	소분류	세분류

훈련기관명

훈 련 과 정 개 요

1. 훈련과정명 :

2. 훈련기간(시간) :   월   시간

3. 훈련 수준 :

4. 훈련대상자:

5. 훈련 목표 :

6. 훈련교과편성 총괄표

　　가. NCS 소양교과(직업기초능력) : 00시간

교과목	하위영역	훈련 시간
의사소통능력	문서이해능력, 문서작성능력, 경청능력, 언어구사력, 기초 외국어 능력	
수리능력	기초연산능력, 기초통계능력, 도표분석능력, 도표작성능력	
문제해결능력	사고력, 문제처리능력	
자기개발능력	자아인식능력, 자기관리능력, 경력개발능력	
자원관리능력	시간관리능력, 예산관리능력, 물적자원관리능력, 인적자원관리능력	
대인관계능력	팀웍능력, 리더십능력, 갈등관리능력, 협상능력, 고객서비스능력	
정보능력	컴퓨터 활용능력, 정보처리능력	
기술능력	기술이해능력, 기술선택능력, 기술적용능력	
조직이해능력	국제감각, 조직 체제이해능력, 경영이해능력, 업무이해능력	
직업윤리	근로 윤리, 공동체 윤리	

　　나. 비 NCS 교과(이론) : 00시간

교과목명	주요구성내용	훈련시간

　　다. NCS 전공교과 : 00시간

교과목명	능력단위 분류번호	능력단위명	훈련시간

라. 비 NCS 교과(실습) : 00시간

교과목명	주요구성내용	훈련시간

7. 훈련이수체계도

8. 훈련과정 교과목 운영 로드맵

교과 구분	차수(주/월/분기/학기)			
	1월차	2월차	3월차	4월차
NCS 소양교과(직업기초능력)				
비 NCS교과(이론)				
NCS 전공교과				
비 NCS교과(실습)				

교과목별 교수계획서

교과목명		학 과 장	교학팀장

대상 직종	교과 구분	훈련시간	교수성명
			-

1. 지도목표	2. 훈련교재
	•

3. 주요 교수계획

연번	능력단위분류번호 능력단위	훈련시간	능력단위요소명	훈련시간	훈련시설	비고

4. 세부 교수계획

세부 지도목표	
지도내용	
교수학습방법	
평가방법	
장비 및 공구	
훈련기준 장비	훈련기관 보유장비

5. 수행평가서

학습자 명: _____ 반 번	평가자 명: _____(인)	평가 일시	
		1차	200 년 월 일
교과목명 :	(분류번호/능력단위명)	2차	200 년 월 일
		3차	200 년 월 일
평가방법 : 본 평가는 단계별 자기평가의 학습과정이 완료된 학습자에 대하여 평가를 합니다. 학습을 위한 준비에서부터 실습의 완료 후 동작확인까지 아래사항의 수행기준에 근거하여 학습자를 평가하여야 합니다. *(본 능력단위의 평가방법 등을 안내하여 학습자로 하여금 학습준비를 할 수 있도록 함)*		전체평가*(고정내용으로서 임의 변경 불가)*	
		성취 수준	수행정도
			5. 해당 지식과 기술을 확실하게 습득하여 직무수행에 필요한 기술적 사고력과 문제 해결력을 토대로 주도적으로 완벽한 작업을 수행할 수 있다.
			4. 해당 지식과 기술을 습득하여 직무수행에 필요한 기술적 사고력과 문제 해결력을 토대로 작업을 수행할 수 있다.
			3. 해당 지식과 기술을 대부분 습득하여 직무수행에 필요한 지식과 기술을 가지고 대부분의 작업을 수행할 수 있다.
			2. 해당 지식과 기술을 부분적으로 습득하여 직무수행에 필요한 지식과 기술을 가지고 타인과 공동으로 작업을 수행할 수 있다.
			1. 해당 지식과 기술을 습득하는데 부족함이 있어 타인의 도움을 받아야만 작업을 수행할 수 있다.
		평가자는 학습자의 달성정도를 성취수준에 표시한다.	

평가영역 (단원명)	수 행 준 거	예	아니오

학생별 훈련과정 종합평가서

훈련과정명	훈련기간	학습자명	최종확인자 (지도교사)

교과목명	능력단위분류번호 능력단위명	평가자명	최종평가일시	평가결과

NCS 기반훈련과정 편성 매뉴얼

개발일자 :

(과정명)
학습안내서

⟨ 훈련과정 국가직무능력표준 분류 ⟩

대분류	중분류	소분류	세분류

훈련기관명

훈 련 과 정 개 요

1. 훈련과정명 :

2. 훈련기간(시간) :   월   시간

3. 훈련 수준 :

4. 훈련대상자:

5. 훈련 목표 :

6. 훈련교과편성 총괄표

　　가. NCS 소양교과(직업기초능력) : 00시간

교과목	하위영역	훈련 시간
의사소통능력	문서이해능력, 문서작성능력, 경청능력, 언어구사력, 기초 외국어 능력	
수리능력	기초연산능력, 기초통계능력, 도표분석능력, 도표작성능력	
문제해결능력	사고력, 문제처리능력	
자기개발능력	자아인식능력, 자기관리능력, 경력개발능력	
자원관리능력	시간관리능력, 예산관리능력, 물적자원관리능력, 인적자원관리능력	
대인관계능력	팀웍능력, 리더십능력, 갈등관리능력, 협상능력, 고객서비스능력	
정보능력	컴퓨터 활용능력, 정보처리능력	
기술능력	기술이해능력, 기술선택능력, 기술적용능력	
조직이해능력	국제감각, 조직 체제이해능력, 경영이해능력, 업무이해능력	
직업윤리	근로 윤리, 공동체 윤리	

　　나. 비 NCS 교과(이론) : 00시간

교과목명	주요구성내용	훈련시간

　　다. NCS 전공교과 : 00시간

교과목명	능력단위 분류번호	능력단위명	훈련시간

라. 비 NCS 교과(실습) : 00시간

교과목명	주요구성내용	훈련시간

7. 훈련이수체계도

8. 훈련과정 교과목 운영 로드맵

교과 구분	차수(주/월/분기/학기)			
	1월차	2월차	3월차	4월차
NCS 소양교과(직업기초능력)				
비 NCS교과(이론)				
NCS 전공교과				
비 NCS교과(실습)				

(교과목명) 학습안내

<교과목 구성 능력단위>

능력단위 분류번호	능력단위명	훈련시간

(능력단위 분류번호) 능력단위명

1. 학습개요

훈 련 시 간		담당교사	
훈련개요			
훈련목표			

단 원 명	단원별 학습목표
선 수 능 력 (필요한 경우)	
작 성 일	

2. 학습활동

학습활동	특기사항

3. 학습자료

보조자료	
사용장비 및 공구	
소요재료	
관련 지식 · 기술 · 태도	
훈련교재	

4. 자기평가서

평가방법
- ☞ 평가표에 있는 항목에 대해 토의해보자, 이 평가표를 자세히 검토하면 실습 내용과 수행목표에 대해 쉽게 이해할 것이다.
- ☞ 같이 실습을 하고 있는 사람의 작업을 눈여겨보자. 이 평가표를 활용하면 작업순서에 따라 작업할 수 있을 것이다.
- ■ 동료 작업자가 옆에서 보는 데에서 작업을 해보고, 이 평가표에 따라 잘된 것과 좀 더 향상시켜야 할 것을 지적하게 하자. "예"라고 응답할 때까지 연습을 한다.

평 가 표

평가영역 (단원명)	문 항	미흡하다	보통이다	우수하다

〈별첨 1의 2〉

훈련과정 편성 예시

♣ 이 훈련과정 편성예시는 훈련과정 편성에 대한 이해를 돕기 위해 금형직종 훈련기준으로 활용하여 임의로 작성한 것으로 훈련시간 등은 감안되지 않음

- 훈련과정 서식에 따라 아래와 같은 순서로 제시

《1》 운영계획서(교·강사용)
    1-1. 훈련개요
    1-2. 교과목별 교수계획서
    1-3. 수행평가서

《2》 학습안내서(훈련생용)
    2-1. 훈련개요
    2-2. 학습안내
    2-3. 자기평가서

국가직무능력표준
National Competency Standards

객실관리 양성과정 훈련운영계획서

국가직무능력표준개발 분류

대분류	중분류	소분류	세분류
12. 이용·숙박·여행·오락·스포츠	03. 관광·레저	02. 숙박서비스	02. 객실관리
12. 이용·숙박·여행·오락·스포츠	03. 관광·레저	02. 숙박서비스	05. 접객 서비스

한국산업인력공단

훈 련 과 정 개 요

1. 훈련과정명 : 객실관리 양성과정

2. 훈련기간(시간) : 3월(300시간)

3. 훈련수준 : 3수준

4. 훈련대상자 : 객실관리분야 신규 구직자(직업기초능력 중 어학능력 및 대인관계)

5. 훈련목표 : 고객이 편안하고 안락한 투숙을 위해, 예약접수, 체크 인/아웃 업무, 하우스키핑, 호텔 세탁물관리 등을 통해 최상의 객실상품을 창출 할수 있다.

6. 훈련편성 총괄표
　가. NCS 소양교과(직업기초능력) : 30시간

교과목명	하위영역	훈련시간
의사소통능력	업무를 수행함에 있어 글과 말을 읽고 들음으로써 다른 사람이 뜻한 바를 파악하고, 자기가 뜻한 바를 글과 말을 통해 정확하게 쓰거나 말하는 능력	15
대인관계능력	업무를 수행하는데 있어 접촉하게 되는 사람들과 문제를 일으키지 않고 원만하게 지내는 능력	15

　나. 비 NCS 교과(이론) : 45시간

교과목명	주요구성내용	훈련시간
호텔경영	1. 객실관리의 개요	10
	2. 호텔 시설관리 안전관리	10
마케팅 개론	1. 마케팅 기초	10
	2. 고객 유치 마케팅 방법론	15

　다. NCS 전공 교과 : 180시간

교과목명	능력단위 분류번호 / 능력단위명	훈련시간
객실 서비스	1203020201_13v1 객실 예약접수	30
	1203020202_13v1 체크 인(Check In)	20
	1203020206_13v1 체크 아웃(Check out)	20
고객 서비스	1203020508_13v1 고객 서비스 센터	30
	1203020507_13v1 비즈니스 센터	30
하우스 키핑 정비	1203020208_13v1 하우스키핑 정비	30
호텔 세탁물 관리	1203020210_13v1 호텔 세탁물 관리	20

라. 비 NCS 교과(실습) : 45시간

교과목명	주요구성내용	훈련시간
호텔 객실관리	침구류 세팅	20
	객실 정리 정돈	25

7. 훈련이수체계도

수준						
6수준	호텔 기획전략 호텔 프로젝트					
5수준	호텔 인적자원 관리 호텔 교육 호텔 관리회계 호텔 마케팅 호텔 홍보	객실 매출관리	부대업장 손익 관리 식음료 메뉴기획 식음료 직원관리		당직	
4수준	호텔 총무 호텔 영업회계 호텔 구매 호텔 판촉	객실 수납 객실 일일 마감 재실고객관리 하우스키핑관리	식음료 고객관리 휘트니스 센터 회원관리	연회 판촉 연회 행사 외부업체 관리	GRO	
3수준		체크 인 체크 아웃 객실 예약접수 하우스키핑정비	식음료 업장관리 델리숍 관리 휘트니스센터 운영	연회 예약 상담 연회 기획 연회 행사 준비 웨딩 출장 연회 연회 행사 정산 연회 행사후 관리	고객서비스센터 비즈니스센터 귀빈층 라운지 컨시어지	마케팅(이론) 호텔경영(이론)
2수준		호텔 세탁물관리	호텔 레스토랑 서비스 호텔 음료 서비스	연회 행사 진행	벨 데스크 도어 데스크 발렛	
—	직업기초능력					호텔객실관리(실습)
수준/직종	숙박기획·개발	객실관리	부대시설관리	연회관리	접객서비스	비 NCS 교과(이론, 실습)
	NCS교과(70%이상)					NCS이외교과(30%이하)

8. 훈련과정 교과목 운영로드맵

교과 구분	차수(주/월/분기/학기)		
	1월차(100h)	2월차(100h)	3월차(100h)
NCS 소양교과(직업기초능력)	의사소통능력(15)	대인관계능력(15)	-
비 NCS교과(이론)	마케팅 개론(25) 호텔 경영(10)	호텔경영(10)	-
NCS 전공교과	호텔 세탁물 관리(20) 하우스키핑 정비(30)	객실 서비스(45) 고객 서비스(30)	객실 서비스(25) 고객 서비스(30)
비 NCS교과(실습)			호텔 객실관리(45)

교과목별 교수계획서

교과목명		학 과 장	교학팀장
객실 서비스			

대상 직종	교과 구분	훈련시간	교수성명
객실관리	NCS 전공교과	70	-

1. 지도목표
고객의 편안한 투숙을 위해 체크인, 체크아웃에 대한 전반적인 안내와 객실 및 부대시설 이용정보 파악, 예약현황 및 고객이력 확인, 예약관련 자료작성 및 변경을 처리하는 능력을 갖출 수 있다.

2. 훈련교재
- 객실 예약접수 모듈교재
- 체크인 모듈교재
- 체크 아웃 모듈 교재

3. 주요 교수계획

연번	능력단위분류번호 능력단위	훈련시간	능력단위요소	훈련시간	훈련시설	비고
1	1203020201_13v1 객실 예약접수	30	객실 및 부대시설 이용정보 파악하기	6	강의실	
			예약현황 파악하기	6	강의실	
			고객이력과 기호 확인하기	6	강의실	
			예약관련자료 작성하기	6	컴퓨터실	
			예약변경하기	6	컴퓨터실	
2	1203020202_13v1 체크인(Check-In)	20	체크인 준비하기	2	객실실습실	
			고객 응대하기	4	객실실습실	
			등록카드 작성하기	4	객실실습실	
			객실 키발급 및 정보 제공하기	4	객실실습실	
			고객정보 등록하기	4	객실실습실	
			단체 체크인 하기	2	객실실습실	
3	1203020206_13v1 체크아웃(Check-Out)	20	~~~~~	20	객실실습실	

4. 세부훈련계획

세부 지도목표
가. 객실 및 부대시설 이용정보 파악, 예약현황 및 고객이력 확인, 예약관련 자료작성 및 변경을 처리하는 능력을 함양 할 수 있다.
나. 고객의 편안한 투숙을 위해 체크 인 준비, 고객 응대, 등록카드 작성 및 객실 정보안내를 제공하며 고객정보 등록 및 단체 체크 인을 수행하는 능력을 함양 할 수 있다.
다. 투숙객 정보 확인하기, 추가 사용 내역(Bill) 확인하기, 최종 내역 확인과 계산하기를 통해 최종 정산을 하며 따뜻한 환송 인사와 함께 재방문을 유도하는 능력을 함양할 수 있다.

지도내용		
가. 객실 예약접수 • 객실 및 부대시설 이용정보 파악하기 • 예약현황 파악하기 • 고객이력과 기호 확인하기 • 예약관련자료 작성하기 • 예약변경하기	나. 체크인 • 체크인 준비하기 • 고객 응대하기 • 등록카드 작성하기 • 객실 키발급 및 정보 제공하기 • 고객정보 등록하기 • 단체 체크인 하기	다. 체크아웃 • 투숙객 정보 확인하기 • 추가 사용내역 확인하기 • 최종내역 계산하기

교수학습방법
가. 강의 및 시연
객실 예약접수시 객실 및 부대시설 이용정보, 예약현황 파악, 고객이력과 기호 확인, 예약관련 자료 작성, 예약 변경하는 방법에 대해서 설명하고, 각각의 예를 들어 학습자들에게 보여준다.
나. 조별실습
객실 예약접수시 몇가지 상황(호텔에서 일어나는 예)을 제시하여 조별 토의하고 결과물을 도출하게 한다.
다. 프리젠테이션 및 질의응답
조별로 논의된 결과물에 대해서 발표를 시키고, 학습자들간에 의견을 상호 교환 하도록 한다

평가방법
가. 평가시점 : 예) 교육중 질의응답시, 중간고사 시, 교과목 수업 종료시
나. 평가내용
• 호텔 운영 프로그램에 대한 지식(Fidelio, Opera 등)
(중간 생략)
• 객실 업셀링 능력
• 고객정보 검색 능력 및 활용 기술
• 객실 배정 능력
• 객실 키 발행 기술

다. 평가방법

(과정평가) : 문답법, 평가자 체크리스트

(결과평가) : 서술형 시험, 구두발표

장비 및 공구	
훈련기준 장비	훈련기관 보유장비
<table><tr><th>장 비 명</th><th>단 위</th><th>활용구분 (공용/전용)</th><th>1대당 활용인원</th></tr><tr><td>• 컴퓨터</td><td>대</td><td>공용</td><td>1</td></tr><tr><td>• PMS 시스템(데모버전)</td><td>세트</td><td>공용</td><td>1</td></tr><tr><td>• 전화기</td><td>대</td><td>공용</td><td>5</td></tr><tr><td>• 빔 프로젝트</td><td>대</td><td>공용</td><td>-</td></tr><tr><td>• 프린터</td><td>대</td><td>공용</td><td>-</td></tr></table> ※ 장비는 주장비만 제시한 것으로 그 외의 장비와 공구는 별도로 확보	○ 컴퓨터 : 20대 ○ PMS : 20세트 ○ 전화기 : 4대

5 교과목별 수행평가

학습자명(○ 반, ○ 번)	평가자명(교수자)	평가일시[2]
		1차 : 201 년 월 일
교과목명 :	분류번호(능력단위명)[1]	2차 : 201 년 월 일
		3차 : 201 년 월 일

평가방법[3] :	전체평가[4] (고정내용으로서 임의 변경 불가)	
본 평가는 단계별 자기평가의 학습과정이 완료된 학습자에 대하여 평가를 합니다. 학습을 위한 준비에서부터 실습의 완료 후 동작 확인까지 아래사항의 수행기준에 근거하여 학습자를 평가하여야 합니다. (본 능력단위의 평가방법 등을 안내하여 학습자로 하여금 학습준비를 할 수 있도록 함)	성취 수준	수행정도
		5. 해당 지식과 기술을 확실하게 습득하여 직무수행에 필요한 기술적 사고력과 문제 해결력을 토대로 주도적으로 완벽한 작업을 수행할 수 있다.
		4. 해당 지식과 기술을 습득하여 직무수행에 필요한 기술적 사고력과 문제 해결력을 토대로 작업을 수행할 수 있다.
		3. 해당 지식과 기술을 대부분 습득하여 직무수행에 필요한 지식과 기술을 가지고 대부분의 작업을 수행할 수 있다.
		2. 해당 지식과 기술을 부분적으로 습득하여 직무수행에 필요한 지식과 기술을 가지고 타인과 공동으로 작업을 수행할 수 있다.
		1. 해당 지식과 기술을 습득하는데 부족함이 있어 타인의 도움을 받아야만 작업을 수행할 수 있다.
	평가자는 학습자의 달성정도를 성취수준에 표시한다.	

평가영역 (단원명)	수 행 준 거[5]	예	아니오
1203020201_13v1.1 객실 및 부대시설 이용정보 파악하기	1.1 호텔의 객실 유형(위치, 평수, 객실 타입 등)에 따라 객실 및 부대시설 정보를 구분하여 파악할수 있다.		
	1.2 객실 요금 종류(공표요금, 특별요금, 계약요금 등)에 따라 마케별 요금을 구분하여 적용할수 있다.		
	1.3 객실 판매 촉진 전략에 따라 패키지나 프로모션 상품을 파악하여 상담 및 판매할수 있다.		
	1.4. 부대시설의 종류와 이용안내를 위해 호텔 정보를 파악할 수 있다.		

학생별 훈련과정 종합평가서

훈련과정명	훈련기간	학습자명	최종확인자 (지도교사)
객실관리 양성과정	3개월(300시간)	홍길동	이순신

교과목명	능력단위분류번호 능력단위명	평가자명	최종평가일시	평가결과
직업기초능력	-	이순신	'14.10.	90(Pass)
호텔이론	-	이순신	'14.10.	90(Pass)
마케팅 이론	-	이순신	'14.10.	90(Pass)
객실서비스	1203020201_13v1 객실 예약접수	이순신	'14.10.	90(Pass)
	1203020202_13v1 체크 인(Check In)	이순신	'14.10.	90(Pass)
	1203020206_13v1 체크 아웃(Check out)	이순신	'14.10.	90(Pass)
고객 서비스	1203020508_13v1 고객 서비스 센터	이순신	'14.10.	90(Pass)
	1203020507_13v1 비즈니스 센터	이순신	'14.10.	90(Pass)
하우스 키핑 정비	1203020208_13v1 하우스키핑 정비	이순신	'14.10.	90(Pass)
호텔 세탁물 관리	1203020210_13v1 호텔 세탁물 관리	이순신	'14.10.	90(Pass)
호텔 객실관리	침구류 세팅, 객실정리 정돈	이순신	'14.10.	90(Pass)

객실관리 양성과정 학습안내서

⟨ 국가직무능력표준개발 분류 ⟩

대분류	중분류	소분류	세분류
12. 이용·숙박·여행·오락·스포츠	03. 관광·레저	02. 숙박서비스	02. 객실관리
12. 이용·숙박·여행·오락·스포츠	03. 관광·레저	02. 숙박서비스	05. 접객 서비스

한국산업인력공단

훈 련 과 정 개 요

1. 훈련과정명 : 객실관리 양성과정

2. 훈련기간(시간) : 3월(300시간)

3. 훈련수준 : 3수준

4. 훈련대상자 : 객실관리분야 신규 구직자(직업기초능력 중 어학능력 및 대인관계)

5. 훈련목표 : 고객이 편안하고 안락한 투숙을 위해, 예약접수, 체크 인/아웃 업무, 하우스키핑, 호텔 세탁물관리 등을 통해 최상의 객실상품을 창출 할수 있다.

6. 훈련편성 총괄표

   가. NCS 소양교과(직업기초능력) : 30시간

교과목명	하위영역	훈련시간
의사소통능력	업무를 수행함에 있어 글과 말을 읽고 들음으로써 다른 사람이 뜻한 바를 파악하고, 자기가 뜻한 바를 글과 말을 통해 정확하게 쓰거나 말하는 능력	15
대인관계능력	업무를 수행하는데 있어 접촉하게 되는 사람들과 문제를 일으키지 않고 원만하게 지내는 능력	15

   나. 비 NCS 교과(이론) : 45시간

교과목명	주요구성내용	훈련시간
호텔경영	1. 객실관리의 개요	10
	2. 호텔 시설관리 안전관리	10
마케팅 개론	1. 마케팅 기초	10
	2. 고객 유치 마케팅 방법론	15

   다. NCS 전공 교과 : 180시간

교과목명	능력단위 분류번호 / 능력단위명	훈련시간
객실 서비스	1203020201_13v1 객실 예약접수	30
	1203020202_13v1 체크 인(Check In)	20
	1203020206_13v1 체크 아웃(Check out)	20
고객 서비스	1203020508_13v1 고객 서비스 센터	30
	1203020507_13v1 비즈니스 센터	30
하우스 키핑 정비	1203020208_13v1 하우스키핑 정비	30
호텔 세탁물 관리	1203020210_13v1 호텔 세탁물 관리	20

라. 비 NCS 교과(실습) : 45시간

교과목명	주요구성내용	훈련시간
호텔 객실관리	침구류 세팅	20
	객실 정리 정돈	25

7. 훈련이수체계도

수준							
6수준	호텔 기획전략 호텔 프로젝트						
5수준	호텔 인적자원 관리 호텔 교육 호텔 관리회계 호텔 마케팅 호텔 홍보	객실 매출관리	부대업장 손익 관리 식음료 메뉴기획 식음료 직원관리		당직		
4수준	호텔 총무 호텔 영업회계 호텔 구매 호텔 판촉	객실 수납 객실 일일 마감 재실고객관리 하우스키핑관리	식음료 고객관리 휘트니스 센터 회원관리	연회 판촉 연회 행사 외부업 체 관리	GRO		
3수준		체크 인 체크 아웃 객실 예약접수 하우스키핑정비	식음료 업장관리 델리숍 관리 휘트니스센터 운영	연회 예약 상담 연회 기획 연회 행사 준비 웨딩 출장 연회 연회 행사 정산 연회행사후 관리	고객서비스센터 비즈니스센터 귀빈층 라운지 컨시어지	마케팅(이론) 호텔경영(이론)	
2수준		호텔 세탁물관리	호텔 레스토랑 서비스 호텔 음료 서비스	연회 행사 진행	벨 데스크 도어 데스크 발렛		
-	직업기초능력					호텔객실관리 (실습)	
수준\직종	숙박기획·개발	객실관리	부대시설관리	연회관리	접객서비스	비 NCS 교과 (이론, 실습)	
	NCS교과(70%이상)					NCS이외교과(30%이하)	

8. 훈련과정 교과목 운영로드맵

교과 구분	차수(주/월/분기/학기)		
	1월차(100h)	2월차(100h)	3월차(100h)
NCS 소양교과(직업기초능력)	의사소통능력(15)	대인관계능력(15)	-
비 NCS교과(이론)	마케팅 개론(25) 호텔 경영(10)	호텔경영(10)	-
NCS 전공교과	호텔 세탁물 관리(20) 하우스키핑 정비(30)	객실 서비스(45) 고객 서비스(30)	객실 서비스(25) 고객 서비스(30)
비 NCS교과(실습)			호텔 객실관리(45)

객실 서비스 학습안내

<교과목 구성 능력단위>

능력단위 분류번호	능력단위명	훈련시간
1203020201_13v1	객실 예약접수	30
1203020202_13v1	체크 인(Check In)	20
1203020206_13v1	체크 아웃(Check out)	20

1203020201_13v1 객실 예약접수

1. 학습개요

훈 련 시 간	30시간	담당교사	홍길동
훈 련 개 요	객실 서비스에서 중요한 능력으로, 호텔에 투숙하고자 하는 손님에게 객실 및 부대시설 이용정보를 정확히 파악하여 전달하고, 예약현황 및 고객이력 확인하며, 예약관련 자료 작성 및 변경을 처리하는 방법에 대해서 학습할 수 있다.		
훈 련 목 표	객실 및 부대시설 이용정보 파악, 예약현황 및 고객이력 확인, 예약관련 자료작성 및 변경을 처리하는 방법을 학습할 수 있다.		

단원명	단원별 학습목표
1203020201_13v1.1 객실 및 부대시설 이용정보 파악하기	1.1 호텔의 객실 유형(위치, 평수, 객실 타입 등)에 따라 객실 및 부대시설 정보를 구분하여 파악할 수 있다. 1.2 객실 요금 종류(공표요금, 특별요금, 계약요금 등)에 따라 마켓별 요금을 구분하여 적용할 수 있다. 1.3 객실 판매 촉진 전략에 따라 패키지나 프로모션 상품을 파악하여 상담 및 판매할 수 있다. ~~~~~~~~
1203020201_13v1.2 예약현황 파악하기	2.1 호텔 예약 시스템을 기반으로 예약 가능한 객실현황을 파악할 수 있다. 2.2 당일 점유율에 따라 적정 객실요금 BAR(Best Available Rate)를 제시할 수 있다. 2.3 객실 예약 초과 상황 발생 시 예약 처리 규정에 따라 객실 종류를 조정할 수 있다. ~~~~~~~~~~
~~	3.1 ~~~~~
선 수 능 력 ⑦ (필요한경우)	해당없음
작 성 일 ⑧	2014년 10월 6일

2. 학습활동

학습활동	특기사항
1. 방문한 호텔 손님에 대하여 예약확인, 체크인, 객실 안내까지 절차를 조별로 토의하고, 조별 토의된 자료를 발표하시오 - 조별 구성은 5명씩 구성하고, 조원별로 역할 분담을 하시오	안전준수사항 과제 제출기한 발표방법 시험일자 실습실 개방시간

3. 학습자료

보조자료	• 호텔 가격표 • 호텔별 체크인 절차 • 호텔별 체크아웃 절차 등
사용장비 및 공구	• 컴퓨터 • PMS • 프린터 및 복사기 • ~~~~~~~~
소요재료	-
관련지식·기술·태도	• 객실 요금제도 • 패키지나 프로모션 상품 특성 • 부대시설 관련 정보 • 관광 쇼핑 관련 주변 정보 • 객실 상품의 종류 및 요 • ~~~~~~~
훈련교재	• 객실 예약관리 학습모듈 • 체크 인 학습모듈 • 체크 아웃 학습모듈

4. 자기평가서

평가영역 (단원명)	문항	미흡 하다	보통 이다	우수 하다
1. 객실 및 부대시설 이용정보 파악하기	1.1 나는 호텔의 객실 유형(위치, 평수, 객실 타입 등)에 따라 객실 및 부대시설 정보를 구분하여 파악할 수 있다.	①	②	③
	1.2 나는 객실 요금 종류(공표요금, 특별요금, 계약요금 등)에 따라 마켓별 요금을 구분하여 적용할 수 있다.	①	②	③
	~~			
2. 예약현황 파악하기	2.1 나는 호텔 예약 시스템을 기반으로 예약 가능한 객실 현황을 파악할 수 있다.	①	②	③
	2.2 나는 당일 점유율에 따라 적정 객실요금 BAR(Best Available Rate)를 제시할 수 있다.	①	②	③
	2.3 나는 객실 예약 초과 상황 발생 시 예약 처리 규정에 따라 객실 종류를 조정할 수 있다.	①	②	③
	2.4 나는 ~~~~할 수 있다.	①	②	③

〈별첨 2〉

훈련과정 편성 Q & A

Q1 훈련과정 편성 시 NCS기반 훈련기준의 다수 과정/과목(능력단위)을 단일 소주제의 주요내용에 통합하여 편성해도 되나요?

답 다수의 능력단위를 주요내용에 반영함으로 써 능력단위별 시간의 적정성을 판단할 수 없기 때문에 불가합니다.
따라서 훈련기준의 과정/과목을 소주제로 편성하여 훈련시간의 적정성을 확인가능하게 해야 합니다.

잘못된 사례

❖ 2개 이상의 능력단위를 주요내용에 반영함으로써, 능력단위별 시간의 적정성을 판단할 수 없도록 한 사례

교과목명	능력단위분류번호 능력단위명	훈련시간
객실서비스	1203020201_13v1 객실 예약접수 1203020202_13v1 체크인(Check-In)	50시간

개선

❖ NCS기반 훈련기준에서 하나의 능력단위로 제시한 과정/과목을 최소한 소주제로 편성하여 각각 적정한 시간으로 편성되었는지를 확인할 수 있도록 개선

연번	능력단위분류번호 능력단위	훈련시간	능력단위요소	훈련시간	훈련시설	비고
1	1203020201_13v1 객실 예약접수	30	객실 및 부대시설 이용정보 파악하기	6	강의실	
			예약현황 파악하기	6	강의실	
			고객이력과 기호 확인하기	6	강의실	
			예약관련자료 작성하기	6	컴퓨터실	
			예약변경하기	6	컴퓨터실	
2	1203020202_13v1 체크인(Check-In)	20	체크인 준비하기	2	객실 실습실	
			고객 응대하기	4	객실 실습실	
			등록카드 작성하기	4	객실 실습실	
			객실 키발급 및 정보 제공하기	4	객실 실습실	
			고객정보 등록하기	4	객실 실습실	
			단체 체크인 하기	2	객실 실습실	

Q2. 훈련과정 신청시 NCS기반 훈련기준 과정/과목(능력단위) 중 일부 단원만(능력단위요소)을 선택하여 훈련과정으로 편성해도 되나요?

답. NCS기반 훈련기준의 과정/과목은 훈련의 성과에 기반하여 모듈식으로 편성한 것으로, 일부만을 적용할 경우 훈련기준에서 제시한 과정과목의 성과를 달성할 수 없습니다. 따라서 능력단위의 일부내용을 선택하여 훈련과정을 편성하는 것은 적합하지 않습니다. 일부 능력단위요소를 제외한 경우 완성된 모듈훈련단위로 볼 수 없음에 따라, 해당 과정/과목은 NCS를 적용하지 않은 것으로 판단하게 됩니다. 이는 다른 훈련사업에서도 동일합니다.

잘못된 사례

❖ NCS기반 훈련기준 객실예약접수의 "1203020201_13v1 객실 예약접수" 과정/과목 중 단원 "1203020201_13v1.4 예약관련 자료 작성하기", "1203020201_13v1.5 예약변경하기"를 제외하고 편성한 사례

연번	능력단위분류번호 능력단위	훈련 시간	능력단위요소	훈련 시간	훈련시설	비고
1	1203020201_13v1 객실 예약접수	18	객실 및 부대시설 이용정보 파악하기	6	강의실	
			예약현황 파악하기	6	강의실	
			고객이력과 기호 확인하기	6	강의실	
2	1203020202_13v1 체크인(Check-In)	20	체크인 준비하기	2	객실실습실	
			고객 응대하기	4	객실실습실	
			등록카드 작성하기	4	객실실습실	
			객실 키발급 및 정보 제공하기	4	객실실습실	
			고객정보 등록하기	4	객실실습실	
			단체 체크인 하기	2	객실실습실	

개선

❖ 단원명(능력단위요소) "1203020201_13v1.4 예약관련 자료 작성하기", "1203020201_13v1.5 예약변경하기"를 반영하여 편성

연번	능력단위분류번호 능력단위	훈련 시간	능력단위요소	훈련 시간	훈련시설	비고
1	1203020201_13v1 객실 예약접수	30	객실 및 부대시설 이용정보 파악하기	6	강의실	
			예약현황 파악하기	6	강의실	
			고객이력과 기호 확인하기	6	강의실	
			예약관련자료 작성하기	6	컴퓨터실	
			예약변경하기	6	컴퓨터실	
2	1203020202_13v1 체크인(Check-In)	20	체크인 준비하기	2	객실실습실	
			고객 응대하기	4	객실실습실	
			등록카드 작성하기	4	객실실습실	
			객실 키발급 및 정보 제공하기	4	객실실습실	
			고객정보 등록하기	4	객실실습실	
			단체 체크인 하기	2	객실실습실	

NCS 기반훈련과정 편성 매뉴얼

Q3 훈련과정 신청시 NCS기반 훈련기준 과정/과목(능력단위)에 일부 NCS이외 내용을 포함하여 중단원의 훈련과정으로 편성해도 되나요?

답 NCS이외의 내용을 NCS 과정/과목과 결합하여 훈련과정을 편성하면 NCS적용 훈련시간의 적정성 등을 판단할 수 없습니다. 따라서 NCS기반 훈련기준의 과정/과목 이외의 훈련내용을 NCS 훈련 과정/과목에 혼합하여 훈련과정을 편성하는 것은 적정하지 않습니다.

잘못된 사례

❖ NCS기반 훈련기준 객실관리직종의 "1203020210_13v1 호텔 세탁물 관리" 과정/과목을 선택하여 교과목 공작기계실습의 대단원을 편성함에 있어 NCS의 능력단위와 관련없는 내용을 편성

교과명	호텔 세탁물 관리	구분	NCS 전공교과
교육훈련 내용			교육훈련 시간
교과목명	능력단위 분류번호/ 능력단위명		
호텔 세탁물 관리	1203020210_13v1 호텔 세탁물 관리		20
	호텔 세탁물 처리		5

개선

❖ NCS의 능력단위가 아닌 내용은 별도의 교과목으로 편성

교과명	호텔 세탁물 관리	구분	NCS 전공교과
교육훈련 내용			교육훈련 시간
교과목명	능력단위 분류번호/ 능력단위명		
호텔 세탁물 관리	1203020210_13v1 호텔 세탁물 관리 호텔 세탁물 처리-> 별도 교과목으로 편성		20

〈별첨 2〉 훈련과정 편성 Q & A

Q4. 직업기초능력에 입·수료식 등 훈련과 관련된 행사를 기록하여도 되나요?

답. 직업기초능력은 근로자들이 갖추어야할 기본적인 능력으로서 대인관계능력 등 10개 영역으로 구성되어 있습니다. 해당 능력에 대해 별도의 특화된 학습이 필요하여 NCS 기반 훈련기준에서 하나의 과정/과목으로 제시하였습니다. 따라서 직업기초능력은 입·수료식과 같은 행사를 포함할 수 없습니다.

잘못된 사례

❖ 직업기초능력에 입·수료식 행사를 반영한 사례

교과명	직업기초능력		구분	NCS 소양교과
교육훈련 내용				교육훈련 시간 [총: 20]
교과목명	단원명			
직업기초능력	입·수료식			4
	문제해결능력			5
	대인관계능력			4
	수리능력			5
	직업윤리			2

개선

❖ 직업기초능력교과는 직업기초능력에 해당하는 내용만 반영하고, 입·수료식은 별도로 처리

교과명	직업기초능력		구분	NCS 소양교과
교육훈련 내용				교육훈련 시간 [총: 16]
교과목명	단원명			
직업기초능력	문제해결능력			5
	대인관계능력			4
	수리능력			5
	직업윤리			2

Q5 NCS기반 훈련기준에서 제시한 훈련시간으로 1년 1,400시간 훈련과정을 편성하고자 하는데, 제시된 훈련시간은 300시간 정도입니다. 과정/과목(능력단위)별로 제시된 훈련 시간을 50%초과 연장해서 훈련과정을 편성해도 되나요?

답 NCS기반 훈련기준은 해당 직종에 일정한 적성을 갖춘 훈련생이 훈련을 받는데 소요되는 시간을 제시한 것으로 훈련의 효율성을 고려한 것입니다. 훈련시간을 과도하게 연장하는 경우 훈련의 비효율이 문제가 됨에 따라, 50%를 초과하여 연장하는 것은 적정하지 않습니다.

훈련시간의 조정은 훈련기준에서 제시한 과정/과목별 훈련시간의 50% 이내로 증감하여 활용하여야 합니다

예시: 훈련기준 0502010000203 업무협의(기초) 훈련시간 20시간 → 10~30시간 조정가능

Q6 NCS기반 훈련기준에서 제시한 훈련과정/과목 10여개의 훈련시간을 합하였을 경우 200여 시간이 되는데, 이를 20시간 정도의 재직자 훈련과정으로 편성해도 되나요?

답 NCS기반 훈련기준에서 모듈형 훈련과정/과목에 대해 해당 직종에 일정한 적성을 갖춘 훈련생이 훈련을 받는데 소요되는 시간을 제시한 것으로 이는 훈련의 효율성을 고려한 것입니다.

따라서 훈련시간을 임의 조정시 훈련의 완성도가 현격하게 부족할 수 있을 것으로 우려되므로, 질의 내용과 같은 상태에서 많은 내용을 교육하는 것은 불가하며, NCS를 적용하지 않은 과정으로 판단합니다.

Q7 훈련과정을 4수준으로 편성하려는데 3수준 이하의 능력단위와 5수준 이상의 능력단위를 포함할 수 있습니까?

답 입직자(양성)과정이 4수준으로 신청되었다면, 기초(1수준)부터 학습하여 4수준까지 단계적으로 학습하겠다는 의미로 적절합니다.
그러나, 5수준 이상의 능력단위는 입직이후 현장에서 일정한 경험적 학습이 요구되는 재직자 수준으로 4수준의 훈련과정에 반영하는 것은 적절하지 못한 것으로 판정되어 인정받을 수 없게 됩니다.

- 단, 기업체의 요구(채용 약정 체결 등), 인력양성 목표, 훈련대상자의 선수 능력 등을 제시한 경우 상위 수준의 능력단위를 활용하여 훈련과정 편성이 가능하며, 이 경우 NCS 적용 훈련시간에 포함하여 산출 가능함.

Q8 자동차 정비 훈련과정을 편성하려는데 기업에서 요구하는 능력단위가 타 분야에 있는 경우 이를 포함하여 훈련과정을 편성할 수 있습니까?

답 가능합니다. NCS의 장점은 훈련과정을 모듈식으로 조합하여 활용하는데 있습니다. 따라서 융·복합 직종 등 다양한 훈련과정을 기업체 수요에 부합하게 편성할 수 있습니다.
자동차 정비공장에 대한 마케팅이 필요한 경우 자동차분야 이외에 마케팅 분야의 NCS능력단위를 훈련과정에 편성할 수 있습니다.
다만, 타 분야의 NCS능력단위를 훈련교과에 편성하는 경우 전공교과와 상호 시너지 효과를 얻을 수 있도록 신중한 선택이 요구되며, 선택한 능력단위의 수준도 전공교과의 수준과 동일해야 합니다.

〈별첨 3〉

NCS기반 훈련기준 개발 현황

NCS기반 훈련기준은 현재 NCS와 연계하여 개발 중으로 붙임의 일부 직종은 변경될 수 있으며, 2015년 고용노동부장관 고시예정으로 HRD-net홈페이지(hrd.go.kr), NCS홈페이지(ncs.go.kr)에 등재 예정임을 알려드립니다.

〈별첨 3〉 NCS기반 훈련기준 개발 현황

대분류	중분류	소분류	세분류
24개			254개
	1	4	10
02. 경영·회계사무	1. 총무·인사	1. 기획·평가	01. 경영기획
			02. 경영평가
			03. 기업홍보
		2 총무	01. 총무
			02. 자산관리
			03. 비상기획
		3. 인사·조직	01. 인사
			02. 노무관리
		4. 일반사무	01. 비서
			02. 사무행정
	1	2	7
05. 법률·경찰·소방·교도·국방	3. 소방방재	1. 소방	01. 소방시설
			02. 구조구급
			03. 소방안전관리
			04. 위험물 운송·운반관리
		2. 방재	01. 방재시설
			02. 기업재난관리
			03. 방재안전대책관리
	1	2	9
06. 보건·의료	1. 보건	1. 의료기술지원	01. 의료기기관리
			08. 요양지원
			09. 의지보조기
			10. 청각관리
			13. 임상심리
		2 보건지원	01. 병원행정
			02. 병원안내
			03. 의료시설위생관리
			04. 보건교육
	1	3	6
07. 사회복지·종교	1. 사회복지	1. 사회복지정책	01. 사회복지개발
			02. 사회복지행정
		2 사회복지서비스	02. 사회복지프로그램운영
		3. 상담·보육	01. 직업상담
			02. 보육
			03. 청소년지도
	2	3	21
08. 문화·예술·디자인·방송	2. 디자인	1. 디자인	01. 시각디자인
			02. 제품디자인
			03. 환경디자인
			04. 디지털디자인
	3. 문화콘텐츠	1 문화콘텐츠 제작	01. 방송콘텐츠제작
			02. 영화콘텐츠제작
			03. 음악콘텐츠제작
			04. 광고콘텐츠제작
			05. 게임콘텐츠제작
			06. 애니메이션콘텐츠제작
			07. 만화콘텐츠제작
			08. 캐릭터제작
			09. 스마트문화앱콘텐츠제작

NCS 115

대분류	중분류	소분류	세분류
		2. 영상제작	01. 영상연출
			02. 영상촬영
			03. 영상조명
			04. 영상음향
			05. 영상그래픽
			06. 영상편집
			07. 영상녹음
			08. 영상미술
	1	2	10
09. 운전·운송	2. 철도 운전·운송	1. 철도운전운영	01. 철도관제
			02. 열차운용DIA
			03. 철도운전
			04. 기지내차량운전
		2. 철도시설 유지보수	01. 철도선로시설물 유지보수
			02. 철도전기시설물 유지보수
			03. 철도정보통신시설물 유지보수
			04. 철도신호시설물 유지보수
			05. 정비기지시설물 유지보수
			06. 역시설물유지보수
	1	4	17
12. 이용·숙박·여행·오락·스포츠	3. 관광·레저	1. 여행서비스	01. 여행상품개발
			02. 여행상품상담
			03. 국내여행안내
			04. 항공객실서비스
			05. 국외여행안내
		2. 숙박서비스	01. 숙박기획·개발
			02. 객실관리
			03. 부대시설관리
			04. 연회관리
			05. 접객서비스
		3. 컨벤션	01. 회의기획
			02. 전시기획
			03. 이벤트기획
		4. 관광레저 서비스	01. 카지노기획개발
			02. 카지노운영관리
			03. 크루즈운영관리
			04. 유원시설운영관리
	1	2	4
13. 음식서비스	1. 식음료 조리·서비스	1. 음식조리	05. 복어조리
		2. 식음료서비스	02. 소믈리에
			03. 바리스타
			04. 바텐더
	5	9	25
14. 건설	2. 토목	3. 측량·지리정보개발	03. 공간정보구축
	3. 건축	1. 건축설계·감리	02. 건축구조설계
			03. 건축감리
	5. 조경	1. 조경	03. 조경관리
			04. 조경감리
	6. 도시·교통	1. 지역·도시계획	01. 국토지역계획
			02. 도시계획
			03. 도시설계

대분류	중분류	소분류	세분류
		2. 교통계획·설계	01. 교통계획
			02. 교통설계
			03. 교통운영·감리
	7. 건설기계운전·정비	1. 토공기계운전	01. 모터그레이더운전
			02. 아스팔트피니셔운전
			03. 롤러운전
			04. 불도저운전
			05. 로더운전
			06. 굴삭기운전
			07. 준설선운전
		2. 적재기계운전	01. 지게차운전
		3. 양중기계운전	01. 기중기운전
			02. 양화장치운전
			03. 타워크레인운전
			04. 천장크레인운전
			05. 컨테이너크레인운전
		4. 건설기계정비	01. 건설기계정비
15. 기계	2	5	17
	5. 기계장치설치	2. 냉동공조설비	01. 냉동공조설계
			02. 냉동공조설치
			03. 냉동공조유지보수관리
	8. 조선	1. 선박설계	02. 선체설계
			03. 선박배관설계
			04. 철의장설계
			05. 기장설계
			06. 전장설계
		3. 선체의장	02. 기장생산
			04. 철의장생산
		5. 선박생산관리	01. 선박생산계획
			03. 의장생산계획
		7. 선박정비	01. 선체정비
			02. 선박기관정비
			03. 선박배관정비
			04. 전장정비
			05. 의장정비
16. 재료	1	1	2
	1. 금속재료	4. 용접	02. 시오투용접
			07. 로봇용접
17. 화학	1	7	22
	1. 화학제품제조	1. 화학물질관리	01. 화학물질분석
			02. 화학물질검사·평가
			03. 화학물질취급관리
		2. 정밀화학제품제조	01. 의약품제조
			02. 농약제조
			03. 화장품제조
			04. 계면활성제제조
			05. 첨가제제조
		3. 유기화학제품제조	01. 석유화학제품제조
			02. 석유제품제조
		4. 무기화학제품제조	01. 무기질비료제조
			02. 산·알칼리제조
		5. 고분자화학제품제조	01. 고분자복합재료제조

대분류	중분류	소분류	세분류
			02. 기능성고분자제조
			04. 합성수지제조
			05. 합성고무제조
		6. 생물화학제품제조	01. 범용생물화학소재제조
			02. 바이오플라스틱제조
			03. 특수생물화학제품제조
		7. 화학공정관리	01. 화학공정설계
			02. 반응공정개발운전
			03. 화학공정유지운영
	1	3	8
18. 섬유·의복	2. 패션	1. 패션제품기획	03. 패턴
		2. 패션제품생산	03. 가죽·모피생산
			04. 신발생산
			05. 패션소품생산
			06. 한복생산
		3. 패션제품유통	02. 가죽·모피유통관리
			03. 신발유통관리
			04. 패션소품유통관리
	2	7	21
	1. 전기	1. 발전설비	03. 원자력발전설비운영
		5. 전기공사	02. 외선공사
	2. 전자	1. 가전기기	01. 가전기기 기획
			06. 가전기기 생산
			07. 가전기기 영업
			08. 가전기기 고객지원
19. 전기·전자		2. 산업용전자기기	01. 산업용전자기기 기획
			02. 산업용전자기기 개발
			03. 산업용전자기기 생산
			04. 산업용전자기기 영업
			05. 산업용전자기기 고객지원
		4. 전자응용기기	01. 전자응용기기 기획
			02. 전자응용기기 개발
			03. 전자응용기기 생산
			04. 전자응용기기 영업
			05. 전자응용기기 고객지원
		5. 전자부품	01. 전자부품 기획
			02. 전자부품 개발
			04. 전자부품 영업
			05. 전자부품 고객지원
		7. 디스플레이	05. 디스플레이 고객지원
	3	7	29
	1. 정보기술	4. 임베디드SW구축	01. 임베디드SW계획
			03. 임베디드SW운영
		5. IT콘텐츠개발	01. IT콘텐츠계획
			03. IT콘텐츠운영
		7. IT구축관리	02. IT감리
20. 정보통신	2. 통신기술	2. 무선통신구축 (이동통신 포함)	04. 위성통신망구축
		3. 통신서비스	01. 유선설비접속서비스
			02. 전용회선서비스
			03. 초고속망서비스
			05. 전신서비스
			06. 이동통신서비스

<별첨 3> NCS기반 훈련기준 개발 현황

대분류	중분류	소분류	세분류
			09. 무선초고속인터넷서비스
			10. 주파수공용통신
			11. 무선호출메시징서비스
			12. 위성통신서비스
			13. 특수이동통신서비스
			14. 인터넷지원서비스
			15. 부가통신응용중계서비스
			16. 특수 부가통신서비스
			17. 무선데이터통신서비스
	3. 방송기술	1. 지상파방송	01. 라디오방송
			02. TV방송
			03. 지상파DMB
			04. 케이블방송
		2. 방송서비스	01. 유무선통합서비스
			02. 방송시스템운영
			03. 정보시스템운영
			04. 방송기술지원서비스
			05. 방송장비설치유지보수
	2	4	14
21. 식품가공	1. 식품가공	1. 식품가공	01. 수산식품가공
			02. 면류식품가공
			03. 축산식품가공
			04. 유제품가공
			05. 건강기능식품제조가공
			06. 김치·반찬가공
			07. 두류식품가공
		2. 제과·제빵	03. 떡 제조
	2. 식품저장·유통	1. 식품저장	01. 수산식품저장
			02. 농산식품저장
			03. 축산식품저장
		2. 식품유통	01. 수산식품유통
			02. 농산식품유통
			03. 축산식품유통
	2	6	10
23. 환경·에너지·안전	1. 산업환경	1. 수질관리	01. 수질오염분석
			02. 수질공정관리
		2. 대기관리	01. 대기환경관리
			02. 온실가스관리
		3. 폐기물관리	01. 폐기물관리
		4. 소음진동관리	01. 소음진동관리
		5. 토양관리	01. 지하수관리
			02. 토양관리
	6. 산업안전	2. 산업보건관리	01. 산업보건관리
			02. 근로자작업환경관리
	2	6	22
24. 농림어업	2. 축산	1. 축산자원개발	01. 사료생산
			02. 종축
			03. 동물약품 제조
			04. 수의서비스
		2. 사육관리	01. 젖소사육
			02. 돼지사육
			03. 가금사육
			04. 한우사육

대분류	중분류	소분류	세분류
			05. 말사육
	4. 수산	1. 어업	01. 원양어업
			02. 근해어업
			03. 연안어업
			04. 내수면어업
		2. 양식	01. 해면양식
			02. 수산종묘생산
			03. 내수면양식
		3. 수산자원관리	01. 어업자원관리
			02. 수산질병관리
			03. 염생산
		4. 어촌개발	01. 어촌체험상품개발
			02. 어촌체험시설운영
			03. 어업환경개선

<향후 분류체계 조정계획>

○ 상기 개발현황은 '13년초에 설정한 NCS 개발분류체계에 의한 것으로, '14년 초 재 설정한 분류체계와는 다소 차이가 있음
- '14년 말 NCS개발이 종료되면 '13년 개발한 NCS기반 훈련기준과 통합하여 분류체계를 조정할 예정
 * 신 분류체계를 기준으로 할 경우 일부직종은 부분개발로 판단됨에 따라, '14년도 개발 완료후 훈련기준 분류를 재정비할 예정
○ 직무통합 현황 : 29개 → 9개
 - 사회복지프로그램 개발, 사회복지프로그램 운영 → 사회복지프로그램 개발
 - 영상음성, 영상녹음 → 영상음성녹음
 - 한식조리, 복어조리 → 한식조리
 - 가전기기기획, 산업용전자기기기획, 전자응용기기기획 → 전자제품기획
 - 가전기기생산, 산업용전자기기생산, 전자응용기기생산 → 전자제품생산
 - 가전기기영업, 산업용전자기기영업, 전자응용기기영업, 전자부품영업, 디스플레이영업 → 전자제품영업
 - 가전기기고객지원, 산업용전자기기고객지원, 전자응용기기고객지원, 전자부품고객지원, 디스플레이고객지원 → 전자제품설치·정비
 - 임베디드SW운영, IT콘텐츠운영, 임베디드SW계획, IT콘텐츠계획, IT감리 → IT감리
 - 디스플레이기획, 디스플레이개발 → 디스플레이개발

■ 집필위원 ■

김재성, 배지연(고용노동부 직업능력평가과)

김준태, 황정연, 곽경림(한국산업인력공단, 직무능력표준원)

■ 감수위원 ■

구자길(한국산업인력공단 직무능력표준원)

국가직무능력표준기반 훈련기준 활용 훈련과정 편성매뉴얼

초판 인쇄 2015년 02월 13일
초판 발행 2015년 02월 17일
저자 고용노동부, 한국산업인력공단
발행처 진한엠앤비
주소 서울시 서대문구 독립문로 14길 66 210호
　　　(냉천동 260, 동부센트레빌아파트상가동)
전화 02) 364 - 8491(대) / 팩스 02) 319 - 3537
홈페이지주소 http://www.jinhanbook.co.kr
등록번호 제313-2010-21호 (등록일자 : 1993년 05월 25일)
ⓒ2015 jinhan M&B INC, Printed in Korea

ISBN 978-89-8432-954-6 (93550)　　[정 가 : 13,000원]

☞ 이 책에 담긴 내용의 무단 전재 및 복제 행위를 금합니다.
☞ 잘못 만들어진 책자는 구입처에서 교환해드립니다.
☞ 본 도서는 「공공데이터 제공 및 이용 활성화에 관한 법률」을 근거로
　 출판되었습니다.